O L B I E.

A PARIS,

DE L'IMPRIMERIE DE CRAPELET.

8.

OLBIE,

OU

ESSAI SUR LES MOYENS

DE RÉFORMER

LES MŒURS D'UNE NATION;

Par *JEAN-BAPTISTE SAY*,

Membre du Tribunat.

A PARIS,

CHEZ
{
DETERVILLE, Libraire, rue du Battoir, n° 16, quartier de l'Odéon ;

TREUTTEL et WURTZ, Libraires, quai Voltaire, n° 2.
}

AVERTISSEMENT.

L'INSTITUT national, en l'an 5, proposa pour sujet de prix cette question : *Quels sont les moyens de fonder la morale chez un peuple?* C'est l'une des plus belles que jamais aucune société savante ait proposée. Elle avait un degré d'utilité tout particulier pour la France, qui ne possédait, pour faire marcher la République, que des hommes formés aux habitudes de la monarchie. Malheureusement cette question ne produisit aucun discours que l'Institut jugeât digne de la couronne.

Alors l'Institut la reproduisit avec une

restriction qui devait la rendre encore plus difficile à traiter. Il demanda, non pas *quels sont les moyens*, mais *quelles sont les institutions*, &c. Si l'on n'avait pas réussi à fonder la morale lorsqu'on en avait tous les moyens à sa disposition, on devait y réussir moins encore, lorsque la faculté de s'occuper de plusieurs *moyens*, qui ne sont pas des *institutions*, était ôtée.

Enfin un nouveau programme restreignit encore les ressources laissées aux concurrens, et alla jusqu'à leur tracer un plan dont il ne leur fut pas permis de s'écarter. Aussi l'Institut, sur le rapport d'une commission, a-t-il jugé qu'aucun des ouvrages envoyés au concours n'avait rempli les conditions du programme, et il a retiré cette question.

Quoique l'Essai qu'on va lire ait été envoyé à ce dernier concours, je suis un des premiers à applaudir au parti qu'a pris l'Institut; sa détermination est conforme au système qu'il avait adopté relativement à cette question; mais je prendrai la liberté d'exposer par quel motif je n'ai pas cru devoir entrer dans ses vues : ce sera répondre à la seule critique que la commission chargée de l'examen des ouvrages, a faite du mien, qu'elle a d'ailleurs, dans son rapport, traité beaucoup trop favorablement sans doute.

Suivant elle, ma méthode « présente,

» au lieu de raisonnemens, des tableaux,
» et met en action ce que d'autres ont
» mis en théorie et en système : mais
» c'est précisément une théorie et un sys-
» tême qu'on demandait ».

En premier lieu, je crois avoir accompagné mes tableaux d'assez de raisonnemens pour qu'on se rendît compte de
leurs motifs ; le lecteur en jugera. En
second lieu, j'ai cru qu'un ouvrage envoyé au concours ouvert par un corps
savant, n'était pas destiné uniquement
pour ce corps savant ; que ses membres
ne demandaient point aux concurrens
de les éclairer, mais de travailler à des
écrits qui pussent influer sur l'opinion
générale, répandre des vérités utiles,

détruire des erreurs dangereuses. Or ce n'est point avec des abstractions qu'on parvient à ce but, c'est, si je ne me trompe, en revêtant les préceptes de la raison des graces de l'élocution et des charmes du sentiment. Sans doute je suis loin de l'avoir atteint; mais la commission de l'Institut devait-elle me blâmer d'y prétendre?

Mon principal desir, en composant cet ouvrage, ayant été de me rendre utile, j'ai dû l'imprimer. Et quel temps fut plus favorable à la publication d'un écrit sur les mœurs de la nation, que celui où nous sommes, que celui où deux hommes dont les talens éminens et la moralité ne sont pas contestés, même de leurs plus

grands ennemis , ont conçu le projet de
fonder la stabilité de la République sur
l'observation des règles de la morale, et
ont été placés par leurs concitoyens dans
les premières magistratures? Certes, c'est
à une telle époque qu'il est permis de se livrer aux rêves d'une imagination philan-
thropique. Je regrette seulement d'avoir
réduit à la mesure ordinaire d'un discours
académique, un ouvrage qui, par l'importance de son objet, par les nombreux
développemens dont il était susceptible,
offrait la matière d'un livre.

———

Les notes trop étendues pour être
placées au bas des pages, ont été ren-
voyées à la fin. Les endroits auxquels

elles ont rapport dans le courant de l'ouvrage, sont marqués d'une lettre majus-
cule. La plupart renferment des digres-
sions et des citations qui, sans être étran-
gères au sujet, auraient interrompu le
fil des idées.

SOMMAIRE.

DÉFINITION des mots mœurs, morale, moralité. But de la morale. Deux sortes d'institutions sont nécessaires pour réformer les mœurs : celles qui agissent sur les hommes neufs, ou enfans, et celles qui agissent sur les hommes faits. De quelle nature doivent être les premières, les secondes. Le peuple d'Olbie, peuple imaginaire, fournit des exemples de l'application de ces principes. Chaque principe de détail est développé en même temps que l'exemple. Un bon traité d'économie politique doit être le premier livre de morale, et pourquoi. Du pouvoir de l'argent. De l'autorité de l'exemple. Des effets de l'instruction. De l'influence des femmes. Des fêtes, des monumens. Gardiens des mœurs. Le bonheur considéré comme moyen. Résultats.

OLBIE,

OU

ESSAI sur les moyens de réformer les Mœurs d'une Nation.

PAR le mot de Mœurs, appliqué aux hommes, il ne faut point entendre seulement les relations honnêtes et régulières des deux sexes entr'eux, mais les habitudes constantes d'une personne, ou d'une nation, dans ce qui regarde la conduite de la vie.

La Morale est la science des mœurs. Je dis science; car, dans l'état de société, les règles de conduite ne sont pas toutes d'institution naturelle; elles s'apprennent. Il est vrai qu'elles s'apprennent dès l'enfance et par routine; mais le langage, qui est une science aussi, ne s'apprend-il pas de même?

La Moralité est l'habitude de consulter les règles de la Morale dans toutes ses actions.

1

Entre tous les êtres, l'homme seul paraît être susceptible de posséder cette belle faculté.

Le but de la Morale est de procurer aux hommes tout le bonheur compatible avec leur nature. En effet, les devoirs qu'elle nous prescrit ne peuvent être que de deux espèces (A) : ceux dont l'accomplissement a pour objet notre propre conservation et notre plus grand bien ; l'avantage en est immédiat et direct (B) : et ceux dont l'accomplissement fait le bonheur des autres hommes. Or ces derniers sont réciproques. Qu'on les suppose fidèlement remplis : chaque personne jouira des vertus de toutes les autres. C'est le cas d'un contrat mutuellement avantageux. Ainsi une nation qui connaîtrait et suivrait généralement les règles de la morale, ferait, dans toute la rigueur du terme, ce qu'on appelle un bon marché. Elle serait la plus heureuse des nations.

Le soin de fixer et de disposer ces règles, regarde le Moraliste. Ici, je suis forcé de supposer qu'elles sont connues, que l'on

sait positivement quels sont les devoirs
d'hommes, de fils, de frères, de citoyens,
de magistrats, d'époux et de pères. Ma tâche
est de rechercher par quels moyens on peut
engager un peuple vieilli dans des habitudes
vicieuses et dans de funestes préjugés, à
suivre ces règles, de l'observation desquelles
sa félicité serait l'infaillible récompense.

LORSQUE cette bonne idée tombe dans la
tête des chefs d'une nation de vouloir réformer ses mœurs, il est deux sortes d'institutions dont il est nécessaire qu'ils s'occupent:
celles qui doivent donner de bonnes mœurs
aux hommes à venir, c'est-à-dire celles qui
ont rapport à l'éducation (1), et celles qui
peuvent reformer les hommes faits.

L'éducation se propose deux objets: la

(1) Si quelqu'un pouvait douter du pouvoir de l'éducation, qu'il lise l'Histoire de Sparte. Je ne dis pas qu'on
doive imiter les institutions de Lycurgue; je dis seulement que les hommes sont ce qu'on les fait, sans par-

direction des facultés physiques et morales de l'enfance, et en second lieu son instruction.

Rousseau regarde le premier de ces deux objets comme le plus important. En effet, de bonnes mœurs ne sont que de bonnes habitudes, et cette première direction a pour but de former ces bonnes habitudes, soit au physique, soit au moral. « La plupart des » républiques, dit Bâcon, n'auraient pas eu » besoin de faire tant de lois pour diriger » les hommes, si elles avaient pris la précau- » tion de bien élever les enfans ».

Cependant, quelque importante que soit cette partie de l'éducation, on aurait très-grand tort de regarder celle qui a rapport à l'instruction comme indifférente pour la morale. L'instruction a, relativement aux mœurs, ces deux grands avantages : c'est

tager cependant l'opinion d'Helvétius, qui croit que leurs facultés sont pareilles en sortant des mains de la nature.

d'abord qu'elle les adoucit, et, en second lieu, qu'elle nous éclaire sur nos vrais intérêts.

Elle adoucit les mœurs en tournant nos idées vers des objets innocens ou utiles. Les hommes instruits, en général, font moins de mal, commettent moins de dégâts que ceux qui ne le sont pas. L'homme qui a étudié l'agriculture, et qui sait ce qu'il faut de soins pour faire pousser une plante, pour élever un arbre, celui qui connaît leurs usages économiques, sont moins près de les détruire, que l'ignorant chez qui ces précieuses productions ne réveillent aucune idée. De même, l'homme qui a étudié les bases sur lesquelles se fondent l'ordre social et le bonheur des nations, ne les sappe jamais sans répugnance.

Mais c'est principalement en nous éclairant sur nos propres intérêts, que l'instruction est favorable à la morale. Le manouvrier qui boit en quelques heures ses profits de la semaine, qui rentre chez lui pris de

vin, bat sa femme, corrompt par son exemple
des enfans qui pourraient devenir l'appui
de sa vieillesse, et qui enfin ruine sa santé
et meurt à l'hôpital, calcule moins bien que
cet ouvrier diligent qui, loin de dissiper ses
petites épargnes, les accumule, ainsi que
leurs intérêts, se fait un sort sur ses vieux
jours, et passe l'âge du retour au sein d'une
famille active qu'il a rendue heureuse, et
dont il est adoré.

C'est sur-tout dans un état libre qu'il im-
porte que le peuple soit éclairé. C'est de lui
que s'élèvent les pouvoirs, et c'est du sommet du pouvoir que découle ensuite la vertu
ou la corruption ; c'est entre les mains des
gens en place que sont toutes les nominations, toutes les institutions et l'ascendant
de l'exemple. S'ils sont ineptes, méchans et
corrompus, l'ineptie, la perversité et la corruption inondent toute la pyramide sociale.

Telle est, selon moi, l'influence qu'exer-
cent sur les mœurs les deux parties qui cons-
tituent l'éducation.

N'ayant pas la prétention de donner dans cet écrit un traité d'éducation plus qu'un traité de morale, je suis forcé de supposer que les principes d'une bonne éducation sont connus. Ils ont été discutés et établis par de grands maîtres, à la tête desquels on peut compter, parmi les modernes, Montaigne, Locke et Rousseau. Montaigne, esprit juste, philosophe érudit, mais écrivain peu méthodique, a laissé échapper dans ses admirables causeries, le germe des idées recueillies par les deux autres. Locke a lié, complété cette doctrine, l'a étendue à tous les cas : mais son livre est sec et minutieux ; il n'attaque pas les préjugés de toutes les sortes, et l'on y chercherait vainement le charme de style qui fait lire l'Emile de Rousseau, non plus que cette éloquence du sentiment, qui est la raison pour les esprits faibles, et qui, jointe à la raison, fait les délices des esprits éclairés. Aussi le livre de Jean-Jacques, malgré un petit nombre de paradoxes, qu'il y soutient peut-être avec trop de prédilection,

malgré l'impossibilité de faire l'application
de quelques-uns de ses préceptes, même des
principaux, a produit une révolution dans
la manière d'élever les enfans ; et si jamais
la moitié des habitans de la France parvient
à savoir lire, et à comprendre seulement la
moitié de ce livre important, l'influence en
sera prodigieuse. Alors un discours comme
celui-ci deviendra la chose du monde la
plus inutile.

S'il n'est pas de mon sujet de poser les
principes d'une bonne éducation, je dois au
moins chercher par quels moyens la géné-
ralité d'une nation encore très-retardée,
peut être amenée à les adopter; car une partie de la morale à fonder actuellement, est
celle qui portera les hommes à répandre de
bonnes semences pour l'avenir.

Et d'abord, comment une nation qui n'aurait que de mauvaises habitudes, pourrait-
elle en donner de bonnes à ses jeunes citoyens?
Elle ne doit pas en abandonner l'espoir. Les
pères peuvent se croire intéressés à faire

le mal ; jamais à l'enseigner. Ils peuvent vouloir communiquer leurs préjugés ; mais si les institutions qui les ont nourris n'existent plus, ces préjugés ne germeront pas au sein de leurs enfans. Les pères sont ignorans.... : on peut compter sur l'orgueil paternel qui les fait jouir du mérite et des succès de leurs fils. Enfin, si d'excellens instituteurs existent, si l'avenir respire dans les écrits de quelques grands hommes, cette nation ne doit désespérer de rien. J'appelle grands hommes ceux qui, dans le mouvement général vers un perfectionnement, ont devancé leur siècle.

Une nation qui a de mauvaises mœurs et de bons livres, doit de tout son pouvoir favoriser l'enseignement de la lecture.

L'indigent, assailli par tous les besoins, regarde des signes noirs empreints sur des feuilles blanches, comme une savante futilité. Il ignore que les plus sublimes connaissances, que les utiles notions de l'économie politique, par exemple, sources fécondes de la prospérité et du bonheur des nations, sont cachées sous les caractères qu'il méprise, et que si ses aïeux avaient su en soulever le voile, il ne serait pas, lui, réduit à partager avec sa grossière famille un morceau de pain noir sous une hutte de sauvage.

Veut-on qu'il donne de l'instruction à ses enfans? qu'on commence par lui procurer assez de tranquillité et une portion suffisante de bien-être, pour qu'il puisse songer à ce qui ne sera jamais à ses yeux qu'un objet d'utilité secondaire.

Or, cette portion suffisante de bien-être ne saurait résulter que d'une sage répartition des richesses générales, qui elle-même ne peut être le fruit que d'un bon système d'économie politique; science importante, la plus importante de toutes, si la moralité et le bonheur des hommes méritent d'être regardés comme le plus digne objet de leurs recherches (1).

_____

(1) Quiconque ferait un Traité élémentaire d'Économie politique, propre à être enseigné dans les écoles

Ce serait en vain qu'on voudrait accélérer
d'une manière forcée cette marche naturelle
des choses. La bonne éducation, l'instruction, dont l'aisance sera la source, dont les
bonnes mœurs seront la conséquence, ne
germeront jamais qu'avec l'aisance du peuple. C'est ce dont il faut d'abord s'occuper.
Si l'on refuse de commencer par le com-
mencement, on ne créera que des institutions nominales, qui pourront bien avoir
dans l'origine l'apparence et l'éclat d'institutions solides, mais qui ressembleront bientôt à ces festons de feuillage, à ces arbres
factices, sciés dans les forêts pour embellir
les fêtes; superbes végétaux sans racines,
qui jouent un moment la nature champêtre,
mais qui, incapables de produire ou des
fleurs ou des fruits, n'offrent bientôt aux
regards qu'un pompeux arrangement de fa-
gots desséchés.

---

publiques, et à être entendu par les fonctionnaires publics les plus subalternes, par les gens de la campagne et
par les artisans, serait le bienfaiteur de son pays.

De bonnes institutions d'éducation une fois établies, ne sont que des semences pour l'avenir. Les hommes qu'elles produiront auront pris la bonne habitude d'être vertueux; leur morale peut se passer de tout autre fondement. Mais la portion déjà formée d'une nation doit-elle renoncer entièrement à l'espérance de se donner de bonnes mœurs? Il serait trop affligeant de le penser. On a comparé l'homme à un arbrisseau qui, jeune et souple encore, peut se ployer à toutes les directions, et qui, devenu grand, se roidit contre tous les efforts. Heureusement que la ressemblance n'est pas entière : l'arbre végète; l'homme a une volonté, des besoins, des passions, et il reste contre ses mauvais penchans plusieurs leviers puissans; mais il faut qu'on veuille s'en servir, et qu'on trouve des hommes capables de les manier.

Nous voulons que les hommes se conduisent bien. Suffit-il de le leur commander? Le premier de nos maîtres, l'expé-

rience, nous dit que non. Si les meilleurs
préceptes, appuyés de l'autorité des lois,
de l'ascendant de la force, de la sanction
divine, suffisaient pour rendre les hommes
vertueux, il n'est pas de nation qui ne fût
un modèle de toutes les vertus ; car il n'en
est pas une dont les lois ne commandent
de bien vivre ; il n'est pas de religion qui
ne menace le pécheur de punitions effrayantes, et qui ne promette des récompenses magnifiques à l'homme de bien. Que sont cependant ces nations si bien endoctrinées? En
est-il une seule où l'homme ambitieux n'ait
pas écrasé ses rivaux ; où la vengeance n'ait
pas exercé ses fureurs ; où l'amour du lucre
n'ait pas inspiré les tromperies les plus honteuses et les plus viles prostitutions (C) ?

Qu'on ne s'imagine pas que plusieurs
d'entr'elles n'offrent qu'un petit nombre
d'exemples de ces crimes. Ils sont rares,
exercés en grand, parce que les grandes
occasions sont toujours rares ; mais les
causes qui les produisent dans les circons-

tances importantes, existent et agissent per-
pétuellement dans les circonstances de la
vie commune. Si l'on ne voit pas tous les
jours un frère détrôner son frère, tous les
jours on voit un aîné de famille disputer
à son cadet, à un bâtard innocent de l'erreur de sa naissance, les moindres parcelles
d'un immense héritage.

La justice humaine, pauvre et inégale
justice, atteint bien quelques-uns des crimes qui troublent le repos de la société,
mais jamais elle n'atteint et ne détruit la
cause qui les fait commettre; d'où il résulte
qu'elle punit en effet, non le crime, mais
la mal-adresse du criminel qui n'a pas su
se mettre à couvert de son glaive. La justice n'enseigne pas la morale : elle enseigne
la prudence et l'astuce.

Si les lois divines et humaines ont si peu
de pouvoir pour fonder de bonnes mœurs,
où faut-il en chercher les moyens ? Dans
le cœur de l'homme. « Quiconque se mêle
» d'instituer un peuple, dit Rousseau, doit

» savoir dominer les opinions, et par elles
» gouverner les hommes ». Si l'on veut que
telle manière d'être, telle habitude de vie
s'établisse, la dernière chose à faire est donc
d'ordonner que l'on s'y conforme. Voulez-
vous être obéi ? Il ne faut pas vouloir qu'on
fasse : il faut faire qu'on veuille (1).

Je ne prétends point que, pour faire
adopter une institution, on doive la cal-
quer sur les préjugés de ceux pour qui elle
est faite. Il faut bien que Lycurgue ait
choqué en quelque chose les opinions de son
siècle, puisqu'en voulant faire adopter ses
lois, il excita une émeute et qu'il fut assailli
à coups de pierres ; mais ses lois subsis-
tèrent. Qu'on se fâche contre une institu-

_____

(1) On a fait de mauvais républicains chaque fois
qu'on a voulu rendre les hommes tels, le pistolet sur la
gorge. On a conquis l'apparence, tout au plus. Il en
serait de même de la vertu : la violence ne peut que
lui ôter de ses graces et de ses attraits. La sotte pruderie
que tout le monde fut forcé d'affecter dans les dernières années de Louis XIV, produisit les dérèglemens
de la régence.

tion nouvelle, j'y consens; mais qu'on soit
amené, par son propre intérêt, à la conserver ; qu'elle soit telle que , non les
ordres du législateur, mais la nature des
choses, l'attire plus fortement que le goût
général ne la repousse. Pourquoi cette
considération, la première dont on doive
s'occuper en portant une loi, en fondant
une institution, est-elle ordinairement la
dernière dont on s'avise ?

Il s'agit donc, je le répète, de chercher
dans le cœur de l'homme, et là seulement, la
garantie de sa conduite.

L'homme soupire sans cesse après le bonheur, et principalement après le bonheur
prochain et sensible (D): s'il ne s'ouvre
devant lui pour l'atteindre que la voie du
crime, il s'y précipite. Si le chemin de la
vertu peut y conduire, il le préfère. Cette
disposition mise en nos ames par la nature , et que tous les rhéteurs du monde
essayeraient en vain de changer, doit diriger sans cesse le moraliste. Au lieu de

s'attacher à vaincre les desirs de l'homme,
il doit s'en servir.

On a dit qu'il fallait rendre la vertu aima-
ble : j'ose ajouter qu'il faut la rendre profita-
ble. Le vice est hideux : rendons-le funeste.

Si l'on a vu des institutions opérer sur
les mœurs des prodiges, ne nous y trom-
pons point, c'est que les législateurs qui les
ont établies, ont connu ce mobile, et en ont
tiré parti. Trois cents Spartiates meurent
aux Thermopyles pour leur patrie ; c'est un
des plus grands exemples de dévouement
dont l'histoire ait conservé le souvenir.
Comment Lycurgue parvint-il à leur inspirer cet héroïque courage ? Nous aurions
pu le deviner ; mais Xénophon nous l'apprend positivement : « Ce grand législateur,
» dit-il, *a pourvu au bonheur* de l'homme
» brave, et a dévoué le lâche *au malheur et*
» *à l'opprobre* (1) ». Fuir et être perpétuel-
lement misérables, étaient pour les compagnons de Léonidas une même chose. Le

_____

(1) Xén. Rép. de Sparte.

2

moyen, après cela, d'abandonner son poste, et de reparaître aux bords de l'Eurotas ! Ces braves gens n'avaient pas deux partis à prendre : ils n'avaient plus qu'à mourir ; c'est ce qu'ils firent (1).

Faisons pour la vertu ce que Lycurgue fit pour le courage, et que, suivant l'expression de J. J. Rousseau, *elle puisse ouvrir toutes les portes que la fortune se plaît à fermer* (2). Plusieurs colonies modernes qui ont établi leurs institutions suivant ces principes, les ont vues couronnées du succès. La plupart des Européens qui formèrent des établissemens sur les côtes de l'Amérique septentrionale, n'emportèrent ni les regrets, ni même l'estime de leurs anciens compatriotes.

(1) Si l'on me reproche d'appeler *braves* des hommes qui ne pouvaient se conduire autrement, je répondrai que je les appelle braves, parce qu'ils ne purent supporter la honte. C'est-là le fondement de toute espèce de bravoure ; et si Lycurgue a rendu ses Lacédémoniens les plus braves des hommes, c'est parce qu'il a su établir une honte impossible à surmonter.

(2) Gouv. de Pologne.

Plusieurs étaient des débiteurs insolvables ou même frauduleux, et quelques-uns avaient plus que des fautes à se reprocher. Arrivés sur le continent américain, il fallut bien qu'entr'eux, ils honorassent les qualités qui seules pouvaient conserver la société naissante. Les emplois, le pouvoir, le crédit, la fortune, allèrent chercher ceux qui se rendaient recommandables par leur bonne foi, leur esprit de conduite, leur amour du travail. Les hommes sans probité dans les affaires, sans délicatesse envers les femmes, sans bienveillance pour leurs frères, n'y pouvaient subsister. Il fallait qu'ils changeassent de caractère ou qu'ils partissent. Aussi les mœurs de ce peuple ont-elles, en général, offert aux nations d'Europe, même pendant les orages d'une révolution, des exemples de vertus inconnus parmi elles; et le rebut de ces nations a mérité d'en devenir le modèle (1).

_____

(1) Je sais que les habitans des États-Unis n'ont point évité d'autres écueils, comme j'en ferai bientôt la remarque; mais ils n'offrent pas moins un exemple de

Tels sont, je crois, les principes qui doivent guider dans la recherche et l'adoption des institutions propres à fonder la morale chez un peuple. Je vais maintenant montrer ces mêmes principes mis en pratique au sein d'une société qui a établi sa liberté politique sur les ruines d'une monarchie absolue, et qui n'est parvenue à consolider l'édifice de cette liberté, qu'en changeant totalement ses mœurs, ou, si l'on veut, ses habitudes (E). Ce peuple, qui habite un pays nommé *Olbios*, en français *Olbie*, jouissant, depuis un demi-siècle environ, d'une liberté fondée sur de bonnes lois, est trop avancé dans la route de la sagesse, pour que les reproches que pourra exciter le souvenir de son ancienne dépravation aient de quoi l'offenser. On ne rougit que des fautes qu'on est encore capable de commettre.

ce que peut l'intérêt personnel, dirigé vers le bien. Les scélérats que l'Angleterre transporte à la baie de Botanique, y deviennent tous d'honnêtes gens.

Je ne puiserai chez les *Olbiens* qu'un petit nombre d'exemples. C'est tout ce que
me permettent les bornes que je me suis
prescrites. Mais ces exemples suffiront, j'es-
père, pour faire naître des idées plus étendues, plus liées, plus justes peut-être ; et
mon travail, quoique imparfait, n'aura pas
été inutile.

J'ai cru devoir établir des principes avant
de proposer des exemples, parce que les uns
peuvent être bons, et les autres mal choisis.
C'est aux hommes qui sont plus éclairés et
plus puissans que moi, à tirer des premiers
toutes les conséquences qui peuvent en sortir, à déployer leur génie, la fermeté de leur
caractère, dans l'application de ces principes ; ce qui est sans doute la tâche la plus
difficile, lorsqu'il s'agit de créer des institutions sociales.

On verra que je suppose toujours que les
chefs de la nation, ceux de qui les institutions dépendent, ont la ferme volonté de
régénérer les mœurs de leurs concitoyens ;

autrement, il serait bien superflu de s'en
occuper (1). Lycurgue changea les mœurs
de Sparte ; mais il le voulut fortement (2).
Si les Spartiates eussent préféré de rester
corrompus, et que Lycurgue eût été de leur
avis, je ne sais pas trop par quel moyen la
réforme eût pu s'opérer.

C'est donc aux législateurs des nations,
aux plus influens de leurs magistrats, de
leurs orateurs, de leurs écrivains, à concou-

---

(1) Ils y sont plus intéressés que personne ; car jamais
on n'a vu une révolution dans les institutions politiques, se consolider, à moins qu'il ne se soit fait en
même temps une révolution dans les habitudes morales.
Il est vrai que la première rend la seconde facile ; pour
réformer les mœurs d'un peuple, c'est une belle institution que la République. (N).

(2) En regardant comme une condition première pour
opérer la réforme des mœurs, une *volonté forte*, j'assi-
gnerais presque pour condition seconde que cette volonté ne soit ni dure, ni intolérante. La volonté forte
permet d'employer tous les moyens de réussir, même
la patience et la longanimité ; tandis que la volonté
intolérante réussit quelquefois à faire ployer les obstacles, mais ne les détruit jamais.

tir avec moi dans cette entreprise. Que ceux
de mes concitoyens qui sont faits pour influer sur les mœurs nationales, par leurs
places ou par leurs talens, se livrent enfin
à l'accomplissement de cette œuvre louable
et grande. Puissent-ils concevoir combien
il doit en résulter de solide gloire pour eux-
mêmes, et de bonheur véritable pour tous !

Après la révolution qui permit aux *Olbiens*
de se conduire, non plus d'après d'anciens
usages, mais suivant les conseils de la raison, les chefs de la nation s'attachèrent à
diminuer la trop grande inégalité des fortunes ; ils sentirent que, pour se former de
bonnes mœurs, la situation la plus favorable
dans laquelle une nation puisse se trouver,
est celle où la majeure partie des familles
dont elle se compose, vit dans une honnête
aisance, et où l'opulence excessive est aussi
rare que l'extrême indigence.

La misère expose à des tentations conti-
nuelles ; que dis-je ? à des besoins impé-

rieux. Non-seulement les actes de violence
coupables, mais encore la dissimulation, les
friponneries, les prostitutions (1), les émeu-
tes, sont presque toujours le fruit de l'indigence. Que de gens ont embrassé un parti politique abhorré, ou des opinions hasardées,
uniquement pour subsister ! Tel homme
n'aurait pas bouleversé son pays, s'il eût eu
de quoi vivre. Ah ! si les riches, chez certains peuples, entendaient bien leur intérêt,
loin de pomper la substance du pauvre,
pour grossir sans mesure leur fortune, ils
y mettraient volontairement des bornes, et
sacrifieraient une partie de leur avoir, afin
de jouir en paix du reste.

---

(1) Il faut tâcher que, pour vivre, on ne soit pas
plus forcé de prostituer ses talens que sa personne. S'il
est affligeant de voir la courtisanne vendre au premier
venu des faveurs qui auraient pu devenir la récompense des plus tendres sentimens, il n'est pas moins
affligeant de voir l'homme de lettres vendre son appro-
bation au vice puissant, et le peintre prêter la magie
de ses couleurs aux obscènes conceptions d'un riche
méprisé.

Les grandes richesses ne sont pas moins funestes aux bonnes mœurs (G). La facilité d'acheter, chez les hommes, produit autant de maux que la tentation de se vendre. L'opulence endurcit l'ame : on apprécie mal des besoins qu'on ne ressent jamais et à l'abri desquels on se croit pour toujours. Les riches sont entourés d'une foule de complaisans qui, pour se rendre agréables, éloignent de leur vue les objets hideux; et proposent un plaisir qu'ils partagent, plutôt qu'un bienfait dont ils sont jaloux.

Mais ce ne sont point des réglemens et des lois somptuaires qui préservent une nation des excès de l'opulence et de la misère; c'est le système complet de sa législation et de son administration. Aussi le premier livre de morale fut-il, pour les Olbiens, un bon traité d'économie politique. Ils instituèrent une espèce d'académie, qu'ils chargèrent du dépôt de ce livre. Tout citoyen qui prétendait à remplir des fonctions à la nomination des premiers magistrats , fut

obligé de se faire publiquement interroger
sur les principes de cette science ; principes
qu'il pouvait à son choix défendre ou atta-
quer. Il suffisait qu'il les connût pour que
l'académie lui accordât un brevet d'instruction, sans lequel la route des grandes places
lui était fermée (H).

Bientôt ces places furent toutes occupées,
sinon par des esprits supérieurs, au moins
par des hommes assez éclairés pour être
en état de prendre un bon parti dans les
questions principales. La plupart des opinions se rallièrent autour des meilleurs
principes, et il en résulta un système suivi
d'économie politique, d'après lequel toutes
les autorités de l'état réglèrent leur conduite ; tellement que les hommes avaient
beau changer, les maximes, dans les points
importans, restèrent les mêmes : et comme
une cause sans cesse agissante, ne manque
jamais de produire son effet, il arriva que
sans injustices, sans déchiremens, sans se-
cousses, l'honnête aisance devint très-com-

mune, et l'excès des richesses et de l'indigence fort rare.

Alors la plupart des citoyens, trop peu
opulens pour user leur vie dans des plaisirs continuels, mais assez à l'aise pour ne
point éprouver les atteintes du décourage-
ment ou les angoisses du besoin, se livrè-
rent à ce travail modéré qui laisse à l'ame
tout son ressort : peu à peu ils s'accoutu-
mèrent à chercher leurs plaisirs les plus
chers dans la société de leur famille et d'un
petit nombre d'amis ; ils cessèrent de connaître le désœuvrement, l'ennui, et le cor-
tège de vices qui les accompagnent : vivant
plus sobrement, leur humeur fut plus égale,
leur ame plus disposée à la justice et à la
bienveillance qui sont mères de toutes les
autres vertus.

Afin d'éloigner encore davantage les maux
qui suivent l'oisiveté (I), on fit revivre
cette loi d'Athènes qui obligeait chaque citoyen à déclarer quels étaient ses moyens
de subsister ; et comme quelques-uns avaient

dès moyens de subsister légitimement sans
travail, on y fit un léger changement, en
obligeant chaque citoyen à faire connaître
ses occupations habituelles. Cette désigna-
tion devait nécessairement accompagner son
nom et sa signature dans tous les actes publics; on ne pouvait les produire dépourvus
de cette formalité. Ainsi, au défaut d'une
profession lucrative, on y voyait souvent
le nom d'un homme qui s'occupait à des
recherches de physique, ou bien à des
expériences pour le perfectionnement de
l'agriculture, ou bien à donner une éducation libérale aux enfans orphelins de son
frère. Lorsqu'il y avait une disparate cho-
quante entre la conduite tenue et l'occupation professée, c'était, pour le faux dé-
clarateur une source de ridicules ou même
de reproches plus graves, auxquels on
avait grand soin de se soustraire. Si une
affaire, une circonstance imprévue, met-
tait en évidence un citoyen, et qu'il eût
négligé de remplir cette formalité, son nom

n'était jamais rappelé, sans être suivi de
la qualification d'*homme inutile.*

Par ce moyen on évita que l'amour du
gain ne devînt à Olbie le seul stimulant
qui engageât les hommes à se livrer au travail. Les Olbiens savaient que l'amour du
gain est un écueil presqu'aussi dangereux
que l'oisiveté. Lorsque cet amour est très-
vif, il devient exclusif comme tous les
autres ; il étouffe une foule de sentimens
nobles et désintéressés qui doivent entrer
dans l'ame humaine perfectionnée. C'est
ainsi que chez certains peuples, ou même
chez les habitans de certaines villes, trop
adonnés au commerce, toute idée, autre
que celle de s'enrichir, est regardée comme
une folie ; tout sacrifice d'argent, de temps,
ou de facultés, comme une duperie. Un
tel peuple paye quelquefois des gens à talens, parce qu'il en a besoin, mais les gens
à talens ne naissent point dans son sein.
Or comme l'argent donne des serviteurs peu
attachés et non des amis fidèles et des ci-

toyens capables , il arrive que les nations
de ce genre finissent, et même assez promp-
tément , par être mises à contribution ,
dominées , et enfin renversées par celles
qui ont suivi d'autres principes. Que sont
devenus les Phéniciens et leurs successeurs
les Carthaginois ? A peine savons-nous de
leurs affaires intérieures , autre chose ,
sinon qu'ils existèrent et qu'ils s'adonnè-
rent presque exclusivement au commerce.

Notre Europe nous offre plusieurs exemples pareils.

Venise , à qui un trafic immense donnait
le moyen de salarier de nombreuses flottes
et de grandes armées , commandées toujours par un général étranger qui n'était
guères que le premier commis de ces marchands ; Venise soutint à la fois des guerres
contre le Turc , l'Empire , le Pape et la
France ; et en dernier lieu un bataillon a
suffi pour la prendre.

La Hollande , le pays du monde le plus
riche et le plus peuplé en proportion de son

étendue, n'a-t-elle pas été constamment
victime de toutes les puissances belligé-
rantes de l'Europe qui l'ont mise à contribution tour-à-tour, et ont ensuite disposé
à leur gré de son indépendance ? Etats-
Unis de l'Amérique, prenez garde à la ten-
dance générale des esprits dans votre belle
république. Si ce qu'on dit de vous est vrai,
vous deviendrez riches, mais vous ne resterez pas vertueux , mais vous ne serez
pas long-temps indépendans et libres (K).

Il faut donc que l'amour du travail ne
soit pas constamment excité par le desir du
gain ; et le bonheur, la conservation même
de la société exigent qu'un certain nombre
de personnes dans chaque nation cultivent
les sciences, les beaux-arts et les lettres (1);

---

(1) Si les Anglais supportent mieux que nous le fardeau d'une guerre destructive , c'est qu'ils sont plus
avancés en économie politique; et à plusieurs époques,
avant et depuis la révolution , la France a perdu des
ressources immenses , parce que ses gouvernans igno-
raient jusqu'aux élémens de cette science.

nobles connaissances qui font naître des
sentimens élevés, des talens utiles à l'asso-
ciation. Tel écrivain, du fond de son modeste cabinet, travaille plus efficacement à
établir la gloire, la puissance et le bonheur
de son pays, que tel général qui lui gagne
des batailles (L).

Si je n'étais point resserré dans les bornes
d'un discours, c'est ici que je montrerais
ce que les mœurs auraient à gagner au développement des plus nobles facultés de
l'esprit et de l'ame; je combattrais accidentellement l'éloquent paradoxe du philosophe de Genève (M); je prendrais la
défense de la seule noblesse que puisse
reconnaître l'égalité politique; celle des
lumières, la seule qu'on ne doive point au
hasard et qui ne soit jamais la compagne
de la médiocrité; je ferais remarquer ce bon
sens chinois, qui fait de *mandarin* et de
lettré deux mots synonymes, ne concevant
pas que celui qui est placé plus haut par ses
connaissances, puisse être mis plus bas par

son rang, et que la sottise et l'immoralité
doivent jamais commander au génie et à
la vertu.

Les Olbiens encouragèrent par d'autres
moyens, dans la classe ouvrière, cet amour
du travail, plus utile pour elle que pour
toutes les autres ; ils établirent des *caisses
de prévoyance* (N). Tous ceux qui parve-
naient à mettre de côté une petite somme,
pouvaient, tous les dix jours, la mettre en réserve dans une de ces caisses; et là, par l'effet ordinaire de l'accumulation des intérêts,
ils la voyaient croître au point que, parve-
nus à l'âge du repos, ils se trouvaient maîtres
d'un certain capital ou d'une rente viagère.
Presque tous les artisans confiaient une
plus ou moins grande partie de leurs sa-
laires aux *caisses de prévoyance* ; et au lieu
de donner à leurs plaisirs, à l'intempérance, trois ou quatre journées sur dix, ils
n'en donnaient plus qu'une à leurs délassemens. Les plaisirs qu'on goûte en famille
sont les moins dispendieux; aussi les pré-

5

féraient-ils pour grossir leur épargne; et lorsque le jour du repos venait, on ne voyait plus, comme auparavant, à Olbie, les cabarets pleins d'ivrognes abrutis, chantant et jurant tour-à-tour : mais on rencontrait fréquemment dans les campagnes qui entourent la ville, un père, une mère et leurs enfans, tous animés d'une gaîté tranquille, celle du bonheur, et qui marchaient vers quelque rendez-vous champêtre pour s'y réunir avec d'autres amis de même état qu'eux.

Les Olbiens ne s'étaient point contentés de se donner, relativement à l'économie politique, une législation favorable à la morale ; ils avaient graduellement retranché de la leur, tout ce qui pouvait lui être contraire. Ils avaient senti que ce serait en vain que le moraliste travaillerait à rendre les hommes bons, si on laissait subsister les lois qui tendent à les rendre pervers (O). C'est ainsi qu'ils supprimèrent les loteries (P), qui offrent un appât à la cupi-

dité, à la paresse, au vol quelquefois, et
entretiennent cette disposition, funeste à
la prospérité des empires, et qui consiste
à compter plutôt, pour sa fortune, sur
le hasard que sur son industrie (1).
Ils étaient loin, par conséquent, d'au-
toriser, et encore plus d'encourager la
publication de ces livres de magie, où l'on
emploie des explications de rêves, des cal-
culs de nécromance, pour induire le misérable à porter chez un receveur, le dernier
écu qu'il possède, l'écu avec lequel il allait
acquitter une dette ou bien acheter le dîner
de ses enfans. Impôt funeste ! supporté par
le besoin qui desire d'acquérir, et non par
l'opulence qui a mille moyens plus assurés
de grossir son trésor.

De même que les loteries, les maisons de
jeux disparurent; et lorsqu'on traversait le

(1) L'ouvrier qui se flatte de l'espoir de gagner 3o ou
40 mille francs dans quelques minutes, travaille de mauvaise grace pour gagner 3o ou 40 sols par jour; et néanmoins ce dernier travail est le seul productif, le seul
qui contribue à enrichir l'État.

quartier où jadis elles étaient accumulées, on n'était plus exposé à rencontrer sur son chemin, un malheureux, l'œil hagard, cherchant, d'un pas incertain, un pont du haut duquel il pût précipiter son infortune.

Après avoir détruit, autant que cela se pouvait, les causes de dépravation, les Olbiens s'occupèrent des encouragemens à donner à la bonne conduite et aux belles actions. Ils prévinrent et surpassèrent le conseil du célèbre *Beccaria*, qui voulait qu'on instituât des prix pour les actions vertueuses, de même qu'on a attaché des peines aux délits. Tout chez eux devint un instrument de récompense (Q). Les fonctions auxquelles étaient attachés du pouvoir ou des émolumens, les exemptions permises, les missions honorables, devinrent le prix d'une action éclatante, de l'exercice sublime ou soutenu de vertus privées, d'une conduite sans reproche dans des circonstances délicates, du zèle qui avait porté à fonder ou à soutenir un établissement d'humanité, et

même d'un bon livre, fruit pénible de lon-
gues études et d'utiles méditations. Le mot
de *faveur* fut effacé des dictionnaires. Tout
arrêté de nomination portait les titres que
le candidat avait eus pour être préféré; on
y faisait mention de toutes les fonctions
qu'il avait antérieurement exercées; et afin
que le public fût juge du mérite de ses
titres, chaque arrêté était imprimé dans une
feuille des nominations, publiée par le Gouvernement, et dont tous les articles pouvaient être réimprimés, débattus par-tout.

Mais dans une République, beaucoup de
places sont données immédiatement par le
peuple. Comment, demandera-t-on, celles-là,
qui sont même la source de toutes les autres,
purent-elles être un instrument de récompense pour les plus vertueux, si le peuple, dépourvu lui-même de connaissances et de moralité, les accordait aux plus hypocrites, aux
plus impudens (1)? Ce malheur, qui, à la

_____

(1) Il ne faut pas perdre de vue que cet ouvrage a été

vérité, se fit cruellement sentir dans l'enfance de la République olbienne, diminua,
et finit par disparaître tout à fait à mesure
que le peuple devint plus éclairé.

Quand les citoyens d'un même état peuvent se rapprocher, se voir et s'entendre à
leur aise, ils découvrent bientôt parmi eux
ceux qui méritent d'être estimés; or, comme
leur intérêt est d'élire des personnes incapables d'abuser de leurs emplois pour les
tourmenter et les voler, ils laissent de
côté l'intrigant, et choisissent l'homme de
bien.

Afin que les citoyens d'un même canton
apprissent à se connaître, les Olbiens instituèrent dans chaque arrondissement, non
des sociétés politiques (R), mais des *sociétés
de délassement*, où tous les citoyens inscrits
sur le registre civique se rendaient souvent
le soir, principalement aux jours du repos.
Ils pouvaient même y conduire leur famille.

écrit en l'an VII. La constitution de l'an VIII prévient
une partie de ces inconvéniens.

Dans ces réunions, qui le plus souvent joignaient au local qu'elles s'étaient choisi, l'agrément d'un jardin, on voyait s'établir, non des discussions générales, mais des conversations particulières. Ici l'on prenait des rafraîchissemens, tandis qu'ailleurs on jouait à la boule, au billard, à différens jeux d'adresse ; plus loin, on lisait les nouvelles du jour. Bientôt les habitans d'un même quartier connurent le caractère, et jusqu'aux habitudes les unes des autres, et il en résulta des élections éclairées, favorables aux intérêts généraux, et qu'on put regarder comme de véritables récompenses des vertus privées.

Et d'ailleurs le peuple fit de bons choix, parce qu'on lui en donna l'exemple.

On n'avait point jusque-là connu le pouvoir de l'exemple, lorsqu'il est donné par des personnes éminentes en dignité ou en mérite, si ce n'est pourtant à la Chine, où l'empereur, à certain jour de l'année, met lui-même la main à la charrue. Ce pouvoir

de l'exemple est tel entre les mains d'un gouvernement, que je ne crois pas qu'on puisse
citer une seule nation qui ait eu de la moralité dans les temps où son gouvernement
en a manqué, ni une seule qui en ait manqué lorsque son gouvernement lui en a
fourni le modèle.

Dans l'Utopie de *Thomas Morus*, le gouvernement Utopien, du moment qu'il est en
guerre avec une autre nation, met à prix
la tête du prince ennemi, de ses ministres,
de ses généraux ; il accueille, il donne de
grandes terres et une existence honorable
aux meurtriers ; il répand dans le pays
ennemi des invitations à la trahison ; le
tout afin d'éviter les batailles et l'effusion
du sang humain. Ce n'est pas ainsi que se
conduisit Camille avec le maître d'école des
Falisques. Si jamais l'Utopie a existé, le
peuple doit avoir fait son profit de ce beau
système ; et tout particulier en procès avec
un autre, a dû chercher à gagner le cuisi-
nier de sa partie adverse, afin d'éviter le

scandale d'un procès. Hommes qui gouver-
nez, prenez-y garde : vous parlez et agissez
devant de grands enfans : pas un de vos
gestes, pas une de vos paroles ne sont
perdus (S).

  Lorsque le peuple d'Olbie vit les places
occupées par des hommes probes, instruits,
dévoués à la chose publique sans l'être à
aucun parti (T), il s'habitua à priser ces
qualités, et il eut honte de faire de mauvais choix.

  Les candidats à leur tour voyant que le
mérite plutôt que l'or, était un moyen
d'avancement, en vinrent peu à peu au
point d'estimer l'or moins que le mérite.
Ce fut un grand point de gagné ; car plus
l'or est utile, plus on lui sacrifie de vertu.
S'il garantissait de la mort, s'il procurait
la force et la beauté, une santé inaltéra-
ble, des amis sincères, l'amour de nos
épouses, le respect de nos enfans, indépen-
damment des autres jouissances qu'il achète,
je ne pense pas que lorsqu'il s'agirait d'en

gagner, le plus grand forfait arrêtât l'homme
le plus vertueux.

Pour diminuer de plus en plus son pouvoir, les principaux parmi les Olbiens pro-
fessèrent un assez grand mépris pour le
faste. La simplicité des goûts et des ma-
nières fut à Olbie un motif de préférence
et un objet de considération. Les chefs de
l'état adoptèrent un système général de simplicité dans leurs vêtemens, dans leurs plaisirs, dans leurs relations sociales. Jamais
leurs domestiques, ni les soldats de leur
garde ne témoignèrent une déférence stu-
pide pour les livrées du luxe (1). Le gros
du peuple contracta par degrés la même
habitude, et bientôt on ne vit plus un
troupeau d'imbécilles ébahis à la vue d'une
garniture de diamans ou de quelqu'autre

---

(1) J'avoue qu'un gouvernement ne peut user de ce
moyen, que lorsque l'économie et l'ordre dans les finances
le mettent en état de ne jamais recourir aux secours
des gens à argent ; secours plus ruineux encore pour
les mœurs publiques que pour le trésor public.

colifichet de cette espèce (U). On n'estima
plus les gens à proportion de la consommation qu'ils faisaient : qu'arriva-t-il? Ils ne
consommèrent rien au-delà de ce qui était
vraiment nécessaire à leur utilité ou à leur
agrément. Le luxe attaqué dans sa base qui
est l'opinion, fit place à une aisance plus
généralement répandue (V); et, ce qui arrive
toujours, le bonheur augmenta en même
temps que les mœurs se réformèrent.

A mesure que le goût du faste diminua,
l'argent qui s'y consacrait prit une direction plus louable et plus productive. Il alla
vivifier les manufactures, mettre en valeur
l'industrie et le talent qui périssaient de
misère, sans profit pour la société, sans
gloire pour la nation. Dès-lors les riches
qui se bornaient à une vaine ostentation
de leurs grands biens, craignirent d'être
mésestimés. On en vit qui voulurent attacher leur nom à un édifice public, ou bien
faire couler l'abondance dans des canaux
creusés à leurs frais ; les uns s'occupèrent

à ouvrir une grande route, les autres à construire un port nouveau ; enfin ils ambitionnèrent la gloire d'être appelés les bienfaiteurs du pays, et on leur pardonna leurs richesses.

Les Olbiens n'auraient été que de faibles moralistes, s'ils n'avaient pas senti à quel point les femmes influent sur les mœurs. Nous devons aux femmes, nos premières connaissances et nos dernières consolations. Enfans, nous sommes l'ouvrage de leurs mains : nous le sommes encore quand nous parvenons à l'état d'hommes. Leur destinée est de nous dominer sans cesse, par l'empire des bienfaits, ou par celui des plaisirs ; et là où elles ne sont pas vertueuses, c'est en vain que nous voudrions le devenir. C'est par l'éducation des femmes qu'il faut commencer celle des hommes.

Heureusement que la nature qui a répandu sur cette moitié de notre espèce, les graces et la beauté, a paru se complaire à la douer en même temps des plus aimables

qualités du cœur ; et peut-être l'orgueil de
l'homme sera-t-il forcé d'avouer que, si
l'on en excepte cette vertu qui souvent
nous ordonne de surmonter nos goûts et
nos affections, la justice, compagne de la
force, la nature a généralement donné aux
femmes les qualités morales dans un plus
haut degré qu'à nous. Elles sont plus accessibles à la pitié, plus disposées à la bienfaisance, plus fidelles dans leurs engage-
mens, plus dévouées dans leurs affections,
plus patientes dans l'infortune. Précieuses
qualités ! Il n'est pas une de vous dont je
n'aie éprouvé les doux effets. Si quelques
femmes ne vous ont pas possédées toutes,
il n'en est pas une seule du moins qui ne
porte votre germe en son sein ; et, laissant
de côté les exceptions, méprisant les sar-
casmes de la frivolité, j'ose affirmer que le
sexe qui a le plus de graces, est encore celui
qui a le plus de vertus.

Les Olbiens ne s'attachèrent donc pas,
comme on l'a fait dans de certaines sectes,

à combattre le penchant qui entraîne l'homme vers la femme. C'est un instrument aussi puissant qu'il est doux : faut-il le briser au lieu de s'en servir utilement ? Ils ne suivirent pas non plus le conseil de Platon, qui, dans sa République vraiment imaginaire, veut que le sort décide et pour une seule fois, chez un ordre entier de citoyens, d'un commerce qui nous ravale au niveau des brutes, s'il n'est annobli par la constance et par les plus délicates préférences de l'ame. Les Olbiens mêlèrent au contraire l'amour honnête à toutes celles de leurs institutions qui purent l'admettre ; et, s'il faut l'avouer, ils prirent quelques conseils de nos siècles de chevalerie.

Alors ils sentirent la nécessité de donner aux femmes les deux vertus qui leur conviennent par-dessus toutes les autres, et sans lesquelles le charme et l'ascendant de leur sexe s'évanouissent tout-à-fait : je veux dire la douceur et la chasteté. Chez ce peuple la douceur des femmes naquit des

mœurs générales qui elles-mêmes furent le
fruit de l'ensemble des autres institutions.
Les vertus domestiques et privées étant
estimées et révérées parce qu'elles étaient
utiles, et un mauvais ménage étant un obs-
tacle qui repoussait également l'estime et
la fortune, on donna beaucoup d'attention
à ces égards habituels qui adoucissent les
mœurs, et qui, s'il est permis de s'exprimer
ainsi, veloutent le chemin de la vie.

Plusieurs professions dont l'effet est d'en-
durcir le cœur ou d'aigrir le caractère,
furent interdites aux femmes, et elles joui-
rent de quelques priviléges analogues à leurs
goûts et à leurs qualités. Ce fut à elles que
le gouvernement confia l'exercice de la
bienfaisance nationale; il protégea les associations que plusieurs d'entre elles formèrent en faveur des filles à marier, des femmes en couches; associations louables qui
présentent le touchant tableau de la faiblesse généreuse, faisant cause commune
avec la faiblesse infortunée.

Les sexes se mêlèrent moins dans la société, même parmi la classe ouvrière. De bons principes d'économie politique ayant répandu un peu d'aisance dans cette classe, les femmes ne furent plus forcées par l'indigence de partager avec les hommes ces travaux pénibles et grossiers qu'on ne peut leur voir exercer sans gémir. Elles purent donner leur temps et leurs peines au soin de leur ménage et de leur famille qui furent bien mieux tenus, et elles perdirent ces formes masculines qui dans leur sexe ont quelque chose de hideux : femme et douceur sont deux idées que je ne saurais séparer. L'empire de la femme est celui de la faiblesse sur la force : du moment qu'elle veut obtenir quelque chose par la violence, elle n'est plus qu'une monstruosité (1).

----

(1) Ils ne sont ni femmes ni hommes ces êtres en jupons, à l'œil hardi, à la voix rauque, qui, parmi la populace de nos villes, tiennent tête aux hommes, soit l'injure à la bouche, soit le verre à la main. C'est un troisième sexe.

La chasteté est peut-être encore, pour les femmes, d'une plus haute importance que la douceur. Celle qui cesse d'être pure, perd non-seulement ses plus séduisans atours, mais elle perd presque tous les moyens de conserver les autres qualités de son sexe, et d'exercer les douces fonctions que lui a départies la nature. Si elle n'est pas mariée, elle rebute tous ceux parmi lesquels elle pourrait trouver un époux ; si elle est épouse, elle jette le désordre dans son ménage. Qu'un homme fasse une infraction aux lois de la chasteté, il est coupable sans doute ; mais cependant il peut être négociant probe, ami solide, bon fils, bon frère, enfin citoyen utile et estimable ; mais une femme qui n'est point chaste n'est rien.... que dis-je ! rien ? Elle est une cause vivante de désordres.

Le pouvoir des sens et l'indigence sont, pour les femmes, les deux principales causes du libertinage. Quant à la première, une bonne législation relative au mariage et au divorce, en diminua par degrés l'activité à

4

Olbie. Les goûts furent consultés ; les diffé-
rences de fortune opposèrent peu d'obstacles
aux unions légitimes ; et celles-ci purent
subir tous les changemens compatibles avec
le maintien de l'ordre social. Rendons facile
le chemin de la vertu, et n'imitons pas ces
moralistes-législateurs qui ont placé son
temple au sommet d'un mont escarpé, où
l'on n'arrive que par un étroit sentier. C'est
faire du monde entier un abîme !

La seconde cause de dépravation chez les
femmes, l'indigence, mérite toute l'attention de ceux qui veulent fonder les mœurs
sur les institutions sociales. L'indigence,
fléau cruel pour tous, est affreux pour la
plus intéressante moitié du genre humain.
Elle ne prive pas seulement les femmes des
communes douceurs de la vie ; elle les pousse
dans la corruption la plus honteuse, la plus
dépourvue de l'attrait qui déguise quelquefois la laideur du vice. Il faut avoir faim
pour trafiquer de ses faveurs ! Quel autre
motif que ce besoin impérieux pourrait faire

surmonter à tant d'infortunées les dégoûts de la prostitution ? Les malheureuses ! sans choix, sans desirs, souvent attaquées de maux douloureux, presque toujours le chagrin dans l'ame, elles s'en vont provoquer d'un sourire gracieux des êtres rebutans ! Quel sort ne préféreraient-elles pas à celui-là ? Chez les Olbiens, on eut soin de leur en offrir un plus desirable : elles l'embrassèrent avec enthousiasme.

Un jour, me promenant dans les rues d'Olbie, je fus heurté et renversé par un fardeau que je n'appercevais pas. On s'empressa autour de moi ; et comme un peu de sang coulait sur ma figure, on me fit entrer dans la maison la plus proche. Je me trouvai bientôt seul avec trois femmes proprement vêtues, quoiqu'avec simplicité, et qui paraissaient être les maîtresses de la maison. Elles m'avaient donné les premiers secours ; elles voulurent que je m'arrêtasse un moment pour me laisser le temps de reprendre mes forces.

Leur habitation n'avait point l'air d'une maison particulière ; elle excita ma curiosité. On s'en apperçut, et voyant que j'étais étranger, on répondit à mes questions à-peu-près en ces termes :

« Nous sommes une nombreuse société
» de femmes. Cette maison nous a été don-
» née par l'Etat, et l'Etat continue à nous
» protéger de même que beaucoup de socié-
» tés semblables ; mais nous ne lui sommes
» nullement à charge. Le travail qui se fait
» dans la maison suffit pour payer nos dé-
» penses (qui sont réglées avec beaucoup
» d'économie), et pour accorder une légère
» rétribution à celles d'entre nous qui font
» plus d'ouvrage que n'en exigent nos ré-
» glemens. Nous avons trois gouvernantes
» et trois économes, que nous renouvelons
» par tiers tous les mois. Il ne nous est permis
» de recevoir des étrangers que dans cette
» salle commune, et nous ne pouvons voir
» personne à moins d'être trois ensemble. Ce
» n'est qu'au même nombre et avec la per-

» mission de deux au moins des gouver-
» nantes que nous pouvons sortir.

» Notre nombre est fixé par l'étendue de
» la maison. Nous choisissons nos compa-
» gnes ; mais tant qu'il se présente des aspi-
» rantes, nous sommes obligées de tenir
» notre nombre complet. En entrant ici on
» ne prononce aucun vœu, et l'on ne con-
» tracte d'autre engagement que celui de se
» soumettre à la règle établie. Il y a parmi
» nous des personnes qui ont été mariées,
» et d'autres qui ne le sont pas encore.
» Toutes ont la faculté de quitter la maison
» et de s'établir si elles en trouvent l'occa-
» sion. Alors elles emportent leur épargne
» particulière, mais l'épargne de la com-
» munauté reste. La seule charge que nous
» impose l'État, est d'instruire un certain
» nombre d'élèves dans les ouvrages des
» femmes, et de soigner un certain nombre
» de vétérantes.

» Lorsqu'une élève, une vétérante, ou
» même une sœur, mérite de graves repro-

» ches, nous avons recours à l'administra-
» tion qui, ordinairement, prononce sa sor-
» tie : c'est presque le seul acte d'autorité
» directe que le gouvernement exerce sur
» nous.

» Notre vie est fort douce : nous jouis-
» sons de la force morale attachée à toute
» espèce de corporation, et d'une liberté
» suffisante pour connaître les agrémens de
» la société. On nous aime, on nous consi-
» dère ; et la plupart d'entre nous quittent
» la maison plutôt pour passer dans les bras
» d'un époux que pour entrer dans le sein
» de l'Eternel ».

J'appris ensuite que pour mériter d'entrer dans une de ces communautés civiles,
les filles et les femmes sans fortune tenaient
une conduite extrêmement régulière. Il ne
faut pas en être surpris : qu'étaient au prix
du sort dont elles jouissaient dans la com-
munauté, les plaisirs du libertinage, si tant
est qu'il y en ait ?

Ceci me donna l'envie de connaître quelques autres points de la législation des Olbiens relativement aux femmes. On leur réserve toutes les occupations qui peuvent convenir exclusivement à leur sexe. Il n'est permis à aucun homme de s'occuper de tout ce qui tient à l'habillement des femmes ou bien à leur coiffure ; et parmi les arts et métiers, il en est qu'elles seules peuvent exercer, comme l'art du passementier, de la gravure en musique, de la cuisine , et beaucoup d'autres ; de façon que les plus pauvres trouvent des moyens de gagner honnêtement leur vie. Ne reste-t-il pas assez de professions à exercer par les hommes qui ont toute la terre pour théâtre de leur industrie, et qui, dans tous les cas, ont des moyens de subsister honorablement en servant l'Etat sur ses flottes ou dans ses armées ?

On a regardé avec raison comme une très-grande difficulté de déterminer jusqu'à

quel point l'autorité publique peut porter
ses regards dans les détails de la vie privée
sans violer la liberté naturelle, sans gêner
le développement des facultés de l'esprit.
Hors l'avilissant espionnage, il n'en existe
peut-être qu'un seul moyen. L'autorité ne
saurait, sans tyrannie, scruter les motifs :
qu'elle s'empare des résultats. A Lacédémone, deux frères eurent un procès : les
éphores condamnèrent le père à l'amende,
et le punirent ainsi de n'avoir pas inspiré à
ses fils plus de désintéressement, plus
d'amour mutuel.

Mais pour exercer une telle jurisdiction,
est-ce assez de nos tribunaux modernes,
qui connaissent des délits que les lois dé-
fendent, et non des vertus que la morale
prescrit, et qui ne prennent jamais aucune
décision que sur des preuves juridiques?
Ne pourrait-on imiter, au moins dans quelques points, la censure des anciens?

On est trop porté à croire que de certaines institutions, mises en pratique chez

les peuples de l'antiquité, ne conviennent
plus à nos mœurs. Il semble que les hommes
de ces temps-là fussent autres que nos con-
temporains. Hélas ! il suffit de parcourir
l'histoire pour s'appercevoir que nous ne
faisons que recommencer les sottises et les
crimes de nos devanciers. Si telle institution
produisit quelque bien pendant un temps,
pourquoi ne serait-elle pas capable de le
produire encore? Croit-on qu'elle fut dans
ce temps-là sans inconvéniens et sans anta-
gonistes? Aristote se plaint amèrement des
éphores de Lacédémone ; il dit qu'on trouve
parmi eux des gens peu éclairés, d'autant
plus sévères pour les autres, qu'ils sont
plus indulgens pour eux-mêmes (1). A
Rome, peu d'années après l'établissement
des censeurs, c'est-à-dire, dans toute la fer-
veur de cette belle institution, ne vit-on
pas ces magistrats qu'on se représente si in-
tègres, se livrer à tout leur ressentiment

(1) De Rep. lib. II, pag. 9.

contre le dictateur *Mamercus Emilius*,
personnage illustre dans la paix et dans la
guerre, parce qu'il avait fait réduire la du-
rée de leurs fonctions de cinq ans à un an
et demi ? Aussi-tôt que le temps de sa dic-
tature fut passé, ils privèrent, en vertu du
pouvoir de leur charge, ce respectable citoyen du droit de suffrage, et le chargèrent
d'un tribut huit fois plus fort que celui
qu'il avait coutume de payer.

Certes, si les frondeurs d'alors se fussent autorisés de ces abus, comme ils le
firent indubitablement, pour décrier l'é-
phorat et la censure, et qu'ils eussent
réussi, ils n'en auraient pas moins écarté
des institutions qui maintinrent la pureté
des mœurs à Sparte, et à qui l'on dut peut-
être les trois cents années que la république
romaine dura encore.

Qu'on se borne donc à corriger ce que
l'expérience prouva que ces institutions
avaient de vicieux ; qu'on ôte à l'une et à
l'autre les prérogatives politiques qui les

rendirent si redoutables (1); mais qu'on ne
les proscrive pas , seulement parce qu'elles
ont pris naissance à Rome et à Sparte.

C'est sous ce point de vue qu'elles furent
considérées par les Olbiens. Les censeurs
chez eux eurent l'inspection des mœurs et
rien de plus; et c'est pour cette raison qu'on
se borna à les nommer *Gardiens des mœurs*.
Leur tribunal fut composé de neuf vieillards, choisis parmi des citoyens qui avaient
exercé toute leur vie avec honneur des fonctions soit publiques, soit privées , mais qui
alors étaient totalement retirés des affaires,
et par conséquent peu accessibles à l'espérance ou à la crainte. Ces vieillards ne pouvaient prononcer qu'une amende modique,
égale, tout au plus, au montant des con-

---

(1) Les éphores joignaient à leur influence civile un
pouvoir politique très-étendu , puisqu'ils convoquaient
les assemblées du peuple , recevaient les ambassa-
deurs , etc. Les censeurs , à Rome , pouvaient faire
passer un citoyen d'une tribu dans une autre, le sur-
charger de contributions, etc.

tributions du condamné ; et , dans les cas très-graves , une censure publique.

Aucun emploi dans l'Etat , quelqu'éminent qu'il fût , n'était à l'abri des décrets de ce tribunal , et nul citoyen n'était assez obscur pour se soustraire à ses applaudissemens , si des vertus rares les avaient mérités. Ses jugemens , comme celui d'un jury , étaient le résultat de sa conviction intime , et cette conviction se formait par tous les moyens possibles : dépositions ouvertes , informations secrètes , cri public lorsqu'il acquérait une sorte d'intensité , interrogatoires volontaires , franches explications , tout servait à l'éclairer.

Ce tribunal n'énonçait jamais positivement le fait qu'il voulait reprendre ; car il aurait fallu l'établir sur des preuves juridiques , et il n'en avait souvent que de morales. Par la même raison il ne donnait jamais le motif de ses décisions , et n'était soumis à aucune responsabilité ; ses membres étaient inviolables. Voici le prononcé

d'un jugement qu'il rendit une fois en public contre un juge prévaricateur :

« LE PEUPLE D'OLBIE

» HONORE LES VERTUS ET DÉTESTE LE

VICE (1).

» N..... les Gardiens des mœurs vous exhor-
» tent, sous les yeux de vos concitoyens, à ne
» point recevoir de présens de la part de vos
» clients, et à n'écouter dans vos jugemens que
» la voix de l'équité. Remettez dans la caisse des
» pauvres une amende égale à vos contributions
» annuelles ».

Lorsqu'un fonctionnaire public avait été
l'objet d'un pareil jugement, il était obligé,
tout le temps que duraient les mêmes fonctions, d'ajouter dans tous les actes publics,

---

(1) Pourquoi, chez les modernes, néglige-t-on ces
formules qui, pareilles à des étendards, rallient les
opinions d'un peuple, et servent, au besoin, à mettre
en évidence la contradiction des principes avec les
actions ?

à ses autres titres celui-ci : *censuré par les gardiens des mœurs.* Il en était peu qui ne préférassent de donner leur démission.

C'étaient les gardiens des mœurs qui décernaient dans les solemnités publiques, les récompenses nationales. Une fois un homme alla leur recommander son bienfaiteur : ils couronnèrent à la fois le bienfaiteur et l'obligé (X).

On conçoit que des fonctions aussi délicates exigeaient que ceux qui devaient les exercer fussent choisis avec des précautions toutes particulières. Chacun de ces magistrats de morale était élu pour deux ans et pouvait être sans cesse réélu, mais il était impossible que ce fût par les mêmes électeurs ; car chaque province envoyant à son tour son gardien des mœurs, et le moment de le remplacer n'arrivant jamais lorsque cette même province avait une nouvelle élection à faire, s'il se trouvait remplacé ou réélu, c'était par une autre province.

Lorsqu'il s'agissait de les nommer, c'est ainsi qu'on posait la question : *Quel est, parmi les gens retirés , le plus honnête homme de la province ?* Les citoyens ayant voix délibérative, se partageaient en deux jurys. L'un des deux faisait l'élection, mais il fallait qu'elle fût sanctionnée par l'autre. Si celui-ci refusait de sanctionner le choix, il fallait qu'il en fît un autre lui-même, auquel le premier jury pouvait à son tour refuser son assentiment.

J'ai dit que les gardiens des mœurs étaient au nombre de neuf; tous les neuf instruisaient une affaire; au moment de prononcer, on tirait au sort trois d'entr'eux, et ces trois étaient les seuls qui prononçassent, mais il fallait qu'ils fussent unanimes. La collection de leurs jugemens formait deux séries, l'une appelée le *livre du mérite*, l'autre le *livre du blâme.* Ce n'étaient point les Olbiens, c'étaient les Chinois qui avaient deviné l'usage qu'on peut faire de tels livres (Y).

On a vu que les gardiens des mœurs
étaient en même temps les dispensateurs
des récompenses dans les solemnités publiques ; cela me conduit à faire connaître de
quelle nature étaient les fêtes nationales
chez les Olbiens, et quel fut le parti qu'ils
en tirèrent pour la morale.

Les facultés de l'homme lui pèsent tant
qu'il ne les exerce pas. Les enfans ne s'amu-
sent à détruire, que parce qu'ils ne savent
pas encore employer leur activité à construire (1). De même l'homme, s'il ne fait
du bien, s'occupe à faire du mal. Il convient
donc de l'occuper utilement ; mais on ne s'occupe jamais utilement, sans diriger vers un
même but une certaine quantité des mêmes
moyens moraux ou physiques : or, cette
direction suivie fatigue, et les délassemens
(c'est-à-dire les occupations qui, par mo-
mens, n'exigent plus la direction des efforts

(1) Voilà en partie pourquoi l'homme ignorant, qui
n'est qu'un grand enfant, fait plus de mal que de
bien.

vers le même but) deviennent nécessaires.

Ces délassemens peuvent être favorables
ou contraires à la morale. Ils lui sont contraires, lorsqu'ils deviennent nuisibles ;
tels étaient les combats des gladiateurs chez
les Romains ; tels sont les divertissemens
d'un peuple grossier qui ne sait se délasser
du travail, qu'en se livrant aux excès de
la débauche et à tous les genres de désordres, c'est-à-dire en faisant son mal et celui
des autres.

Pour que les délassemens soient moraux,
il suffit qu'ils n'aient point d'effets funestes ;
car ils produisent un bien par cela seul
qu'ils délassent, et redonnent à nos facultés le ressort nécessaire pour continuer les
travaux utiles. Lorsqu'à cet avantage, ils
joignent celui d'ajouter, soit au physique
soit au moral, quelques perfections à nos
facultés ou à nos goûts, ils sont encore pré-
férables.

Cependant il faut prendre garde qu'à force

5

de vouloir rendre les délassemens utiles, on n'en fasse une fatigue. Ne perdons pas de vue qu'ici le délassement est l'essentiel, et que l'utilité n'est qu'un accessoire.

Tel est le point de vue sous lequel les Olbiens considérèrent les beaux arts, les spectacles, les fêtes publiques; et c'est en partant de ce principe qu'ils se préservèrent de l'austère morosité des Spartiates et des premiers chrétiens. Ils crurent qu'il fallait d'abord plaire, toucher, s'emparer de l'ame par des moyens honnêtes; et ensuite (mais seulement lorsque la chose était possible sans détruire ces premières impressions) les diriger vers un but moral et utile.

Ils firent grand cas des jeux de la scène (Z). La représentation théâtrale donne en nous une plus grande vivacité à ce sentiment qui nous fait compatir aux affections des autres; sentiment précieux, l'opposé de l'égoïsme, un des plus beaux attributs de l'homme, et qui a de quoi intéresser jus-

que dans ses faiblesses ! Ils eurent un théâtre comme les Français, où dans une suite
d'actions intéressantes, développées avec
art, il ne se rencontre pas un exemple
coupable, pas une idée vicieuse, qui ne
soient présentés avec la juste horreur qu'ils
doivent inspirer ; et où des modèles d'humanité, de grandeur d'ame s'offrent à chaque instant et avec tous les accessoires propres à leur donner du charme.

A l'égard des fêtes nationales, les Olbiens
cherchèrent les moyens de leur imprimer
un puissant attrait ; car on ne saurait diriger les cœurs quand on ne réussit pas à
les captiver.

A moins qu'on n'assiste à un spectacle
extrêmement curieux, on ne se plaît dans
les réunions qu'autant qu'on y joue soi-
même un rôle. On aime les jeux du théâtre,
bien que les spectateurs y soient purement
passifs ; mais il faut le prestige qui naît des
efforts réunis du poète, de l'acteur et du
décorateur, pour soutenir l'attention du

public; aussi-tôt que l'un de ces magiciens fait mal son métier, la pièce ennuie et tombe. Or il est difficile d'offrir à un peuple nombreux, rassemblé pour une cérémonie nationale, un amusement aussi vif que celui qui résulte de l'ensemble des talens de plusieurs artistes qui ont mis en jeu toutes les ressources de leur industrie et tous les genres de séduction. Il ne reste donc au magistrat qui ordonne les fêtes publiques, que la ressource de mettre en scène les spectateurs eux-mêmes, de faire en sorte que chacun d'eux se regarde comme personnellement intéressé à l'effet de la représentation; autrement il ne donnera pas une fête, mais un spectacle plus ou moins ennuyeux.

Les Olbiens présumant donc que si l'on faisait voir au peuple des processions sans ordre, que même il verrait mal; que si on lui tenait des discours qu'il n'entendrait pas, il n'aurait pas grand goût pour les fêtes nationales, cherchèrent à le captiver d'une

manière plus efficace. Ils mirent en pratique
ce principe : *Qu'on trouve dans vos fêtes
non ce que vous voulez qu'il y ait , mais ce
qu'on desire d'y trouver* (A A).

La jeune personne que l'instinct de son
sexe et les goûts de son âge, portent à captiver les hommages, veut y être remar-
quée, admirée ; elle y trouvait ce plaisir.
Du temps de la chevalerie, les dames se
plaisaient aux tournois où leurs amans devaient paraître ornés de leurs couleurs,
et où ils devaient être couronnés de leurs
mains : elles ne manquaient point alors de
s'y rendre. Chaque village, chez les Olbiens,
eut, dans les jours de solemnités, son tournois en miniature. Il s'y établit, selon les
localités, des jeux de l'arc, ou bien de la
cible, ou bien de la joûte sur l'eau ; non pas
à qui se jetterait dans la rivière, mais à
qui parcourrait plus vîte, à la voile, ou à
la rame, un espace convenu ; ce qui favo-
risait l'adresse, la force du corps, et la bonne
construction des bateaux. Les plus habiles

recevaient leurs prix des mains des jeunes
filles, et celles-ci soupiraient toujours après
le retour des fêtes nationales.

Les mères jouissent dans leurs enfans: ce
furent elles qui menaient par la main leurs
fils au concours, et qui les accompagnaient
ensuite au lieu où les attendait la couronne.
Les Olbiens flattèrent l'orgueil maternel :
l'amour maternel adora leurs institutions.

L'homme parvenu à sa maturité, est
avide de pouvoir et de distinctions. Ce penchant, lorsqu'il est effréné, fait les tyrans;
bien dirigé, il peut former les bons citoyens.
Les grades militaires et les emplois qui
avaient rapport à la police des fêtes, étaient
donnés aux hommes qui s'y étaient distingués; mais en même temps, il fallait qu'ils
possédassent les autres talens reconnus nécessaires; il fallait qu'on ne pût citer aucun
trait honteux pour les candidats; et le desir
de remporter des prix de pure adresse, dut
être accompagné de projets favorables aux
mœurs et à l'instruction.

Mais ce qui donna un grand caractère à ces fêtes, fut la distribution des honneurs et des récompenses accordés par les Gardiens des mœurs, aux citoyens qui s'étaient rendus recommandables par leurs vertus. Ce tribunal étendait ses correspondances jusqu'au fond des provinces les plus éloignées ; quelquefois, au moment le moins prévu, on voyait arriver, en faveur d'un particulier obscur, une récompense donnée par la nation, et à la plus prochaine solemnité, elle lui était décernée. La reconnaissance nationale aimait à aller chercher un citoyen dont les actions avaient été utiles au public, à l'exemple des Romains, si soigneux, après les grandes calamités de leur République, de combler des témoignages de leur gratitude les étrangers, les esclaves, et jusqu'aux animaux qui, durant leurs disgraces, leur avaient rendu quelque service signalé.

Mais ce n'était pas toujours, pas même souvent, une action éclatante qui obtenait ces récompenses. C'était plutôt la persé-

vérance d'une conduite estimable; car les
actions brillantes sont rarement un profit
pour la société. Quel avantage valut aux Romains la conquête des Gaules, si ce n'est la
tyrannie de César (Bв)? Les bonnes mœurs,
éminemment utiles lorsqu'elles se rencontrent dans les grandes places, sont encore
utiles à l'Etat, et plus qu'on ne peut croire,
dans une situation privée. Tout citoyen estimable, non-seulement ne fait jamais tort
au public ou à ses concitoyens dans les
rapports nombreux qu'il a avec eux, non-
seulement il n'asseoit jamais ses spéculations
sur des entreprises contraires à l'intérêt général, mais il ne s'entoure que de personnes
estimables; il choisit parmi d'honnêtes gens,
son gendre, son associé, ses domestiques,
ses protégés; il est, sans qu'il s'en doute et
sans que le gouvernement s'en apperçoive,
un instrument actif de récompenses pour la
bonne conduite, de honte et de privations
pour le vice. Et je n'ai pas encore parlé du
bon exemple qu'il fournit à sa famille, à

ses voisins , à sa commune ; de la bonne
éducation qu'il donne à ses enfans.... Non,
je ne crains pas de le dire : si la majorité
d'une nation se trouvait composée de tels
hommes, cette nation serait la plus heureuse de la terre ; il ne serait pas difficile de
prouver qu'elle en serait encore la plus riche
et la plus puissante.

J'ai considéré jusqu'à présent le bonheur
comme récompense : il mérite d'être aussi
regardé comme moyen. Il adoucit les mœurs
qu'aigrit l'infortune. Mais la joie n'est pas le
bonheur, et les feux d'artifice ne font pas
le moindre bien à la morale. Le bonheur
véritable se compose, non de plaisirs, mais
d'une satisfaction soutenue, et de tous les
instans. Aussi les C biens furent-ils con-
vaincus qu'ils travaillaient pour les mœurs
en multipliant les douceurs et les agrémens
de la vie.

Leurs villes, leurs villages étaient rians,
leurs habitations commodes, propres, et

d'une élégante simplicité (1). Ils avaient de nombreuses fontaines et des jardins publics. Les communications des différentes provinces entr'elles étaient faciles ; le peuple en devint plus sociable et les connaissances plus répandues. On aurait pris les chemins pour des promenades : un sentier large et élevé, des bancs et même des abris de distance en distance, rendaient dispos et content le voyageur à pied. Le simple citoyen regardait la patrie comme une mère, depuis qu'elle en avait les bontés ; et il lui restait quelques instans pour songer au bien général, depuis que l'Etat s'était occupé de son bien particulier.

Mais si les attentions de la société envers

---

(1) Pour cela, il faut encore de l'aisance, et toujours de l'aisance ; de sorte qu'en définitif, il est inutile de travailler en morale avant d'avoir travaillé en économie politique : autrement, on ne fera que de beaux discours, on déploiera de beaux spectacles, à la suite desquels le peuple restera aussi vicieux qu'auparavant, parce qu'il ne sera pas moins misérable.

ses membres s'offraient par-tout à leurs
yeux, par-tout aussi ils lisaient leurs devoirs
envers elle.

Le langage des monumens se fait entendre à tous les hommes ; car il s'adresse
au cœur et à l'imagination. Les monumens
des Olbiens retraçaient rarement des devoirs
purement politiques, parce que les devoirs
politiques sont abstraits, fondés sur le raisonnement plus que sur le sentiment, et
enfin parce que leur observation suit nécessairement de l'observation des devoirs
privés et sociaux, qui, pareils à ces brins
dont se composent les plus gros cables, for-
ment dans leur ensemble le lien le plus solide du corps politique. Les Olbiens n'avaient
qu'un Panthéon des grands hommes, et
plusieurs Panthéons pour les vertus. Ils ne
se bornaient pas à élever un temple à l'Amitié, et à poser au-dessus de son portail un
écriteau de bois, portant ces mots : *A
l'Amitié*. On y entrait, et tout rappelait à
l'ame les douceurs que procure ce sentiment

délicieux et les devoirs qu'il impose. Les
yeux s'arrêtaient sur les statues d'Oreste et
de Pylade, de Henri et de Sully, de Montaigne et de Laboétie. On avait gravé sur
leurs piédestaux les principaux traits de
leur vie ou leurs paroles mémorables. Parmi
les inscriptions dont les murs du temple
étaient ornés, on trouvait celles-ci :

Aime pour qu'on t'aime.

Qu'un ami véritable est une douce chose (1) !

Pour les cœurs corrompus, l'amitié n'est point
faite (2).

L'amitié d'un grand homme est un bienfait des
dieux (2).

L'adversité est le creuset où s'éprouvent les
amis (5).

---

(1) La Fontaine.
(2) Voltaire.
(3) Isocrate.

Laisse voir à ton ami ton cœur jusque dans ses derniers replis, et sois sûr qu'il faut en ôter les sentimens que tu crains de lui montrer (1).

L'ami qu'il nous faut, n'est pas celui qui nous loue (2).

Il faut s'attendre à tout, hors à l'ingratitude d'un ami (1).

Cent autres temples s'élevaient pour célébrer d'autres vertus. Et ce n'était pas seulement dans l'intérieur des villes que les monumens parlaient au peuple ; c'était aussi dans les autres lieux fréquentés, au milieu des promenades, le long des grandes routes. La pierre, le bronze racontaient par-tout des actions louables, ou bien proclamaient des préceptes utiles. Des statues, des tombeaux enseignaient au peuple ce qu'il devait imiter, ce qui devait exciter ses regrets, ce

_____

(1) Saint-Lambert.
(2) Plutarque.

qui méritait ses hommages (1). C'est ainsi qu'au rapport de Platon, on pouvait faire un cours de morale en parcourant l'Attique.

Les préceptes étaient toujours choisis parmi les plus utiles et les plus usuels. Nous avons vu en quoi de justes notions d'économie politique étaient favorables à la morale: eh bien! des notions de ce genre se mêlaient à toutes les autres; l'agriculteur, le négociant, le manufacturier, en se promenant, en voyageant, s'éclairaient sur leurs vrais intérêts; ils rencontraient, par exemple, les maximes suivantes dont le tour simple et pourtant

_____

(1) Ces monumens ne font point le même effet dans les museum, où ils ne sont visités que par des curieux, ni dans les palais, où le peuple ne pénètre jamais ; tandis que, lorsqu'ils se rencontrent sous les pas des promeneurs, des voyageurs, on est forcé de s'en occuper, on en cause : chaque jour ils réveillent des idées dans l'esprit de plusieurs milliers de personnes; l'instruction se propage en même temps que les mœurs profitent.

vif se retient aisément, et se répète de même :

Aide-toi, le ciel t'aidera (1).

On paie cher le soir les folies du matin (2).

Si vous aimez la vie, ne perdez pas le temps; car la vie en est faite (3).

La Paresse va si lentement, que la Pauvreté l'atteint tout d'un coup.

Avez-vous une chose à faire demain? faites-la aujourd'hui.

Il en coûte plus pour nourrir un vice que pour élever deux enfans.

N'employez pas votre argent à acheter un repentir.

Si vous ne voulez pas écouter la raison, elle ne manquera pas de se faire sentir.

---

(1) La Fontaine.

(2) Bâcon.

(3) Cette maxime et les suivantes sont de Franklin.

On rencontrait encore, suivant les endroits, des préceptes applicables aux différentes professions, et même aux divers emplois de la société ; mais il a suffi, je pense,
que j'indiquasse ceux qu'on vient de lire.

Les pères de famille suivirent peu à peu
l'exemple offert par l'autorité publique ; car
l'exemple que, dans les commencemens, on
imite si peu, est ce qu'il y a de plus infailli-
blement imité avec le temps. On put lire
dans leurs maisons des sentences applicables
à l'ordre intérieur des familles, et les enfans
nourris de ces maximes, que l'expérience
confirmait pour eux, en firent la règle de
leur conduite, et la transmirent à leurs enfans. On fut heureux, parce qu'on fut sage :
hommes et nations ne peuvent l'être autrement.

NOTES.

NOTE (A).

LES devoirs qu'elle nous prescrit ne peuvent être que de deux espèces. *Page 2.*

Je ne conçois pas qu'il puisse exister des devoirs parfaitement inutiles pour les autres créatures ou pour nous-mêmes. Toute vertu qui n'a pas l'utilité pour objet immédiat, me paraît futile, ridicule, pareille à cette perfection de Talapoin, qui consiste à se tenir sur un seul pied plusieurs années de suite, ou dans quelque autre mortification nuisible à lui-même, inutile aux autres, et que son Dieu même doit regarder en pitié.

NOTE (B).

L'avantage en est immédiat et direct. *Page 2.*

On pourrait croire qu'il est superflu de rechercher les moyens de rendre l'homme fidèle à ces devoirs, qui ont pour objet son propre avantage, puisque l'intérêt personnel doit le porter naturellement à les remplir. Cela serait vrai, si

6

l'homme connaissait toujours ses véritables intérêts ; mais il les sacrifie souvent , soit à ses passions , soit à des opinions fausses et même ridicules , comme ces Indiens qui , pour gagner le
paradis, se précipitent sous les roues du char du
grand Lama ; ou ces pieux cénobites qui , pour
une cause pareille , usent leurs jours dans le
jeûne et les macérations.

Enfin l'homme qui sacrifie un bien solide et
durable à un plaisir passager, n'est pas mieux
éclairé sur ses vrais intérêts. Montesquieu a dit :
« Lorsque les sauvages du Canada veulent avoir
» les fruits d'un arbre , ils coupent l'arbre par le
» pied , et le renversent ; voilà le despotisme ».
Montesquieu aurait pu dire avec la même jus-
tesse : *Voilà le vice.*

Note (C).

Il n'est pas de religion qui ne menace le
pécheur de punitions effrayantes , qui ne
promette des récompenses magnifiques à
l'homr de bien. Que sont cependant ces
n   ons si bien endoctrinées ? En est-il une
seule où l'homme ambitieux n'ait pas écrasé
ses rivaux, où la vengeance n'ait pas exercé
ses fureurs , où l'amour du lucre n'ait pas

inspiré les tromperies les plus honteuses et les plus viles prostitutions ? *Page* 5.

Je croirais m'écarter de mon sujet , si j'attaquais la vérité de telle ou telle religion ; je dois seulement prouver qu'elles n'ont point amélioré les mœurs du genre humain. J'examinerai ensuite si elles n'ont pas sur les hommes une influ. .e plutôt funeste que favorable. Ce qui suit ne s'adresse pas aux vrais croyans, mais aux gens, peut-être plus nombreux, qui, ne croyant pas, sont néanmoins persuadés qu'il est dangereux de désabuser le vulgaire.

Que les religions n'ont pas amélioré les mœurs du genre humain; c'est une vérité dont l'histoire offre malheureusement des preuves trop multipliées. Les temps de la plus grande dévotion ont toujours été les temps de la plus grande férocité, de la plus profonde barbarie; les temps que chaque nation aurait voulu pouvoir effacer de ses annales. Les païens n'ont abandonné les sacrifices humains, que lorsque les lumières de la philosophie eurent ébranlé , chez les principaux d'entr'eux, la croyance de leurs pères. Il fallut détruire la religion des druides pour abolir des horreurs du même genre. Le peuple le plus humain de l'Orient est le peuple chinois; or le pouvoir y est entre les mains de l'empereur et des mandarins, qui sont tous des hommes éclairés et philosophes; et les peuples mahomé-

tans, qui sont sans comparaison les plus religieux de la terre, en sont, quoi qu'en disent leurs
partisans , les plus immoraux. Tous les vices
d'Europe se retrouvent parmi eux ; ils se livrent
à des sensualités barbares, qui font frémir : leur
manière de faire la guerre est inhumaine ; les
traités n'ont, chez eux , de garans que l'intérêt
personnel. Un pacha manque de fidélité envers
le sultan , et le sultan manque de parole au pacha , du moment qu'ils croient pouvoir le faire
impunément. L'argent fait tout chez ces peuples ;
la vertu rien.

Il y a plus : les religions n'excluent pas les
vices et les crimes auxquels elles paraissent plus
particulièrement opposées. Quelle secte a eu un
fondateur et des principes plus doux que la religion chrétienne? C'est la seule qui ait érigé l'hu-
milité en vertu. L'oubli des injures, le pardon
des offenses sont mis par elle au rang des premiers devoirs. *Si l'on vous donne un soufflet sur
une joue*, a dit son auteur, *tendez l'autre aussi-
tôt*. Les sectaires de cette religion étaient imbus
de ces maximes dès l'enfance ; on les mena-
çait de tourmens éternels, s'ils ne les mettaient
en pratique : cependant quelle secte offre plus
d'exemples d'intolérance et de férocité? laquelle
a eu des ministres plus arrogans dans le pouvoir,
plus implacables dans les vengeances? Le temps
où cette religion a brillé de tout son éclat, c'est-
à-dire depuis Constantin jusqu'à Louis XIV, ce

temps a été plus fécond en crimes qu'aucun autre, et la découverte d'un nouveau monde n'a servi qu'à étendre plus loin les calamités du genre humain et la barbarie des disciples du doux Jésus. « Les ossemens de cinq millions d'hommes, est-» il dit dans un des meilleurs ouvrages de ce » siècle, ont couvert ces terres infortunées où » les Portugais et les Espagnols portèrent leur » avarice, leurs superstitions et leurs fureurs. » Ils déposeront, jusqu'à la fin des siècles, contre » cette doctrine de l'utilité politique des reli-» gions, qui trouve encore parmi nous des apolo-» gistes (1) ».

Je n'ai point dit que les religions aient occasionné tous les maux qui ont marché à leur suite. Le défaut de lumières et de bonnes institutions, dont elles-mêmes n'étaient que les conséquences, a sans doute été la cause principale de cette grande détérioration des mœurs ; ce qu'il y a d'évident, c'est qu'elles ne l'ont pas empêchée.

Les avantages présens, ou du moins très-prochains et évidens, sont les seuls qui fassent impression sur l'esprit de l'homme ; par la même raison, les maux sensibles et prochains aussi, sont les seuls qu'il redoute véritablement. L'effet des uns et des autres ressemble à l'explosion de

_____

(1) Tableau historique des progrès de l'Esprit humain, par Condorcet.

la poudre à canon, qui cause un ébranlement
violent lorsqu'elle est proche, et se fait à peine
sentir à une grande distance. C'est par cette
même raison qu'on se console avec le temps d'un
malheur, quelque violent qu'il ait été.

Cette disposition dans l'ame humaine est peut-
être ce qui rend les récompenses que promettent,
et les châtimens dont menacent les religions, si
peu efficaces. Examinez bien quels motifs ont
balancé l'amour dans le cœur de cette femme, à
qui son amant a demandé un rendez-vous : la
crainte du scandale qui en résultera parmi ses
connaissances et ses parens ; la crainte qu'une
grossesse de contrebande, la naissance d'un enfant illégitime, ne la plongent dans un abîme
de chagrins ; voilà ce qui la retient, plutôt
que les *chaudières bouillantes* de l'enfer, qui
certes devraient inspirer bien plus d'effroi. Si
dans de certaines occasions, ce sentiment d'effroi a été exalté par des circonstances particulières, telles qu'un beau sermon, une solemnité
imposante, l'impression n'en a jamais été durable, elle s'est effacée par degrés, et le monde a
repris son train.

Il en a été de même des récompenses. J'ai de
la peine à croire que le bonheur de voir Dieu
face à face ait jamais enfanté une belle action.

Mais non-seulement il me paraît prouvé
que les opinions religieuses n'empêchent pas le
mal ; elles ont de plus, sur les habitudes de

l'homme, des influences que je crois très-fâcheuses.

On convient généralement aujourd'hui parmi les personnes qui font quelqu'usage de leur raison, que c'est un mauvais moyen de rendre les enfans sages, que de les menacer du loup ou du diable. On s'est apperçu que cette pratique peuple leur imagination de fantômes, qu'elle fausse leur jugement, rend leur ame timide, et par conséquent incapable de sentimens grands et généreux, et enfin que cette espèce d'argument n'étant pas susceptible de démonstration, son autorité s'affoiblit au lieu de s'accroître, et laisse l'esprit dépourvu de motifs plus solides pour se bien conduire. Eh bien, pourquoi faudrait-il employer dans l'éducation des hommes, un moyen reconnu si mauvais dans celle des enfans ?

En second lieu, l'homme ne peut donner qu'une certaine dose d'attention aux choses dont il s'occupe; si l'on multiplie le nombre de ses devoirs, on diminue nécessairement le soin qu'il peut donner à l'accomplissement de chacun; alors on voit des pratiques ridicules tenir la place d'obligations essentielles. « Nos » prédicateurs, dit Voltaire avec le trait qui le » caractérise, prouvant en trois points et par » antithèses, que les dames qui étendent légère- ». ment un peu de carmin sur leurs joues, seront » l'objet des vengeances de l'Eternel; que Po-

» lieuote et Athalie sont des ouvrages du démon;
» qu'un homme qui fait servir sur sa table pour
» deux cents écus de marée un jour de carème,
» fait immanquablement son salut, et qu'un
» pauvre homme qui mange pour deux sous et
» demi de mouton, va pour jamais à tous les
» diables ».

On sent que les personnes qui font de l'exé-
cution de ces graves devoirs, l'objet de leurs
études, ne peuvent pas diriger la masse entière
de leurs affections vers les devoirs véritables,
qui d'ailleurs sont mis en seconde ligne par les
personnes religieuses, comme étant des devoirs
mondains. L'homme est toujours porté à l'indulgence envers lui-même; lorsqu'il a rempli
des devoirs qu'il regarde comme indispensables,
il se repose satisfait de ses efforts. Une personne
religieuse fait tacitement ce raisonnement : *Il
n'est pas donné à la créature d'être en tout par-
faite; ceux qui se plaignent de moi n'en ont pas
tant fait; il est bien facile de contenter le
monde; quand on se met à l'aise sur tout le
reste*, etc. Elle se paie de ces raisons et d'autres
semblables, et trop souvent elle vit mal avec les
hommes, se croyant assez bien avec Dieu.

Dans les anciens états du pape, le même
homme se précipitait de bonne foi au-devant du
saint-père, afin de recevoir ses bénédictions,
et pour trente-six francs, il se chargeait de donner un coup de stylet à votre ennemi.

Sous le rapport économique, les pratiques religieuses absorbent un temps et des facultés, qui pourraient être employés d'une manière productive. On sait à présent combien les ordres religieux, qui dans leur oisiveté consomment et ne remplacent pas, appauvrissent un état. Le même inconvénient a lieu à l'égard de tous les ministres des cultes; il est seulement moins sensible dans les pays où ils sont moins nombreux. Les jours de repos, qui ne sont pas absolument nécessaires au rétablissement des forces physiques et morales, produisent un mal du même genre (1). Les personnes qui se sont occupées d'économie publique, sentiront la valeur de cette raison.

D'autres obligations sont encore plus funestes à la chose publique, et même sont directement contraires aux devoirs du citoyen. On trouve un exemple bien triste de cette espèce de danger dans Flavien Josephe.

« Pendant le siége de Jérusalem, dit cet his-
» torien, Pompée fit construire une terrasse du
» haut de laquelle les Romains battaient le tem-
» ple avec leurs machines de guerre. Si les Juifs
» n'avaient été empêchés par leur croyance de

---

(1) On voit, dans Crevecœur, que les gens du Connecticut observent si scrupuleusement le jour du repos, qu'ils ne brassent pas leur bière le samedi, de peur qu'elle ne travaille le dimanche.

» rien faire le jour du sabat, pas même les actes
» nécessaires à leur défense, jamais les Romains
» n'eussent achevé cette terrasse. Aussi-tôt que
» Pompée se fut apperçu de cela, il n'exposa
» point ses soldats à y travailler les autres jours
» que celui du sabat..... Les Romains choisirent
» pour l'assaut un jour de jeûnes et de prières;
» après avoir pris le temple, ils tuèrent tous
» ceux qui s'y trouvèrent. Les Juifs n'en conti-
» nuèrent pas moins leurs prières et leurs sacri-
» fices, ne pouvant en être détournés ni par la
» crainte de la mort, ni par le desir de secourir
» leurs frères que les Romains égorgeaient, tant
» est grand leur respect pour les institutions di-
» vines (1) »!

Certes, voilà une utile dévotion! Et que penser de la naïveté de ce bon historien juif, qui regarde cette circonstance comme tellement honorable pour sa nation et pour sa religion, que
dans la crainte qu'on ne doute de la vérité de son
récit, il invoque le témoignage de Tite-Live et
de Strabon?

La même chose à-peu-près eut lieu à Rome,
sous le règne d'Aurélien. Les barbares étaient
aux portes de la ville, et l'empereur, à la tête
d'une armée, les tenait en échec; mais il avait
besoin de secours : le sénat offrait des sacrifices.
Il lui écrivit pour hâter sa lenteur : *On imagi-*

---

(1) Josephe, liv. XIV, chap. 8.

nerait, dit-il, *que vous êtes assemblés dans une église chrétienne ; non dans le Panthéon de Rome.*

Aucune religion ne fait consister la suprême vertu dans le bien qu'on fait aux autres ; ce n'est qu'un précepte accessoire dans toutes ; le précepte essentiel est l'attachement au dogme, à la foi, à la secte, en un mot, et à ses rites. Elles vous disent, FAITES LE BIEN, d'accord ; mais sur-tout soyez fidèles à votre croyance : quiconque ne croit pas, est un réprouvé, un libertin, un scélérat auquel il est dangereux de se fier (1).

Lorsque le dogme renferme des articles évidemment absurdes, l'absurdité ne tarde pas à

_____

(1) La raison en est simple : le soin principal de chaque secte est et doit être de se conserver ; aucun individu, aucun corps n'a jamais placé le soin de sa conservation en seconde ligne.

On voit dans saint Cyprien que de son temps (et c'était le beau temps de l'église chrétienne) les disciples du Christ étaient beaucoup plus loués par les chefs de leur secte pour leur foi et leur attachement aux dogmes, que pour la moralité de leurs actions : l'hérésie, l'apostasie attiraient toutes les foudres de l'église ; la violation des simples règles de la morale, n'exposait qu'à des réprimandes, à des exhortations. Ce système s'est perpétué jusqu'au milieu du dix-huitième siècle, où l'on a commencé à négliger le dogme en faveur de la morale ; mais cette négligence même était une atteinte portée à la religion.

éclater aux yeux des personnes éclairées, d'abord,
et ensuite de tout le monde. Alors les esprits
façonnés dès l'enfance à regarder comme une
même chose la croyance et la morale, jugent
que cette dernière est vaine comme l'autre, et
le mépris qu'on ressent pour le dogme, fait mé-
priser les préceptes quelquefois très-louables,
dont il était accompagné. C'est peut-être à cette
cause qu'on doit attribuer en partie les excès
dont la populace de quelques-unes de nos villes
s'est souillée à différentes époques depuis la révolution ; elle n'avait point d'autre morale que
celle des curés : le choc des événemens politiques devait tôt ou tard renverser les curés ; mais
ce renversement n'aurait point ébranlé la moralité du peuple, s'il avait eu la véritable moralité : celle qui est dans le cœur et dans les habitudes.

Ensuite, et c'est une chose très-remarquable,
les livres sacrés, dans presque toutes les religions, sont d'une immoralité révoltante. Platon, dans sa République, ne veut point qu'on
entretienne les jeunes gens de la théogonie des
Grecs, renfermée dans les livres saints de ces
temps-là. Il pense que ces livres offrent des exemples de dissention entre les hommes, de vengeance de la part des dieux, et en général, de
mauvais modèles appuyés sur de grandes autorités. Il ajoute que c'est un malheur insigne que
de s'accoutumer de bonne heure à ne trouver

rien d'extraordinaire dans les actions les plus
atroces. N'est-il pas bien honteux pour nous,
que dans cette théogonie des Grecs, qui excite
une si vive indignation dans l'ame du disciple
de Socrate, on ne rencontre cependant ni un
patriarche qui prête sa femme pour de l'argent,
comme Abraham, ni un inceste aussi dégoûtant
que celui de Loth, ni des histoires aussi scanda-
leuses que celles du lévite d'Ephraïm, d'Onan,
de Jahel, de Judith, de David, et mille autres?

Enfin une cruelle expérience a prouvé que la
superstition, ou le fanatisme, qui n'est que la
superstition mise en action, est de toutes les
passions la plus ravageante, la plus féconde en
actes de cruauté. En recherchant la cause de
cette désastreuse propriété, on trouve que toutes
les passions, hors celle-là, proviennent d'un
desir, d'un appétit qui peut agir avec violence,
mais dont la violence n'est pas continuelle. Lorsque l'objet de la passion est obtenu, ou lorsque
ses accès sont passés, l'humanité, la conscience
reprennent leurs droits. Le fanatisme seul n'est
point sujet à ces intermittences ; il cause le mal
sans exciter le remords. Le fanatique ne croit
pas soutenir sa propre cause, en défendant son
opinion ; il croit au contraire se dévouer, et
avoir droit aux plus grands éloges lorsqu'il commet les plus grands forfaits ; tels les révérens
pères inquisiteurs, qui appellent leurs bouche-
ries humaines des *actes de foi !* Or, quel crime

est plus dangereux que celui qu'on prend pour
une vertu!

On dira peut-être que ces maux commencent
à cesser, que les mœurs de l'Europe ne laissent
plus redouter les fureurs du fanatisme. Eh! cette
disposition n'est due qu'à l'esprit philosophique
qui a affaibli l'influence des opinions religieuses,
même chez ceux qui les professent encore. Les
idées sont devenues si libérales chez les personnes qui se croient les plus orthodoxes, que
cent ans plutôt elles eussent passé pour héré-
tiques si elles avaient professé les mêmes opinions. Leur esprit de tolérance, leur incrédulité
sur quelques points qu'elles ont rejetés comme
trop ridicules, eût passé alors pour un libertinage de l'esprit et un relâchement menant droit
à la perdition.

Une autre conviction qui résulte de la con-
templation des événemens passés, c'est que les
religions détruisent une partie du bonheur de
l'homme sur la terre, le seul dont le moraliste
politique puisse s'occuper. Dans la religion chrétienne, par exemple, les terreurs de l'ame, les
devoirs futiles, les pénitences multipliées, les
défenses oiseuses, la longueur des prières, la
sévérité des pratiques, altèrent le caractère.

> L'évangile à l'esprit n'offre de tous côtés,
> Que pénitence à faire et tourmens mérités,

a dit Boileau. Dans les temps, et chez les nations

où il a complettement dominé, l'homme était triste, morne, hébété : le passé ne lui offrait que des regrets, le présent que des entraves, l'avenir que des craintes. Comparez les statues des Grecs avec les statues du moyen âge : beauté de l'art à part, vous appercevrez en général la sérénité du bonheur, la tranquillité de l'ame empreintes dans les premières ; et dans les autres, vous verrez toujours la sombre tristesse de gens farouches, dominés par la terreur, et bourrelés par leur conscience.

Que si l'on cite des exemples qui prouvent que les religions aient produit un bien incontestable, il n'en résultera autre chose, sinon que c'est un mauvais moyen qui a pu réussir quelquefois, mais qui n'est pas moins accompagné des plus grands dangers.

Si l'on se retranche dans quelques principes religieux, et qu'on abandonne tout le reste, comme l'intervention divine, les prêtres et ce qui s'en suit, alors on se borne à embrasser un système philosophique, tel que celui de Socrate, sur l'existence de Dieu et l'immortalité de l'ame, celui de Zénon, ou bien celui d'Epicure ; mais cela même est de la philosophie.

Au surplus, le danger des superstitions fût-il plus grand encore, il ne faut jamais tenter de les renverser par l'intolérance et la persécution. D'abord, parce que la persécution est elle-même un mal et un mal affreux, outre qu'elle attaque

le plus évident et le plus inviolable de tous les
droits, celui qu'a tout homme de penser comme
il lui plaît. Ensuite, parce que ce moyen va directement contre son but : l'opiniâtreté est un
des travers de l'homme, et les persécutions de
quelques emportés ont merveilleusement servi
à l'établissement du christianisme.

Il faut donc n'employer jamais, en matière
d'opinion, que les armes de la persuasion, et
laisser faire le reste au temps et aux progrès naturels de l'esprit humain.

Note (D).

L'homme soupire sans cesse après le bonheur, et principalement après le bonheur
prochain et sensible. *Page 16.*

Je dois prévenir ici une objection qu'on ne
manquera pas de me faire : « Selon vous, dira-
» t-on, l'appât du bonheur est nécessaire pour
» rendre les hommes vertueux, et la vertu pro-
» cure le bonheur ; donc elle porte avec elle
» son encouragement ; donc toute institution qui
» emploie le bonheur comme moyen, est su-
» perflue ».

Je prie qu'on ait égard à une distinction importante. Le bonheur que la vertu procure à
une nation, lorsqu'elle est généralement, ou

presque généralement pratiquée, est un bonheur composé de toutes les jouissances tranquilles et pures qu'entraîne l'exercice du bien, qu'on en soit l'agent ou bien l'objet. Le bonheur prochain que je donne ici comme *moyen*, et non comme *fin*, est cette jouissance prompte et personnelle après laquelle on court dans les sociétés corrompues, quoiqu'elle ne débarrasse avec certitude, ni des remords présens, ni de l'inquiétude future, ni des maux fruits de l'intempérance, ni des maux produits par la haine des autres et par leur mauvaise foi. A mesure que les sociétés politiques feront des pas vers la vertu, ce bonheur *moyen* se changera en un bonheur *résultat*, le seul vraiment digne de l'ambition des hommes, et le seul capable de procurer une félicité constante, autant que l'admet notre nature.

N o t e (E).

....Une nation qui n'est parvenue à consolider l'édifice de cette liberté, qu'en changeant totalement ses mœurs, ou, si l'on veut, ses habitudes. *Page* 20.

Les plus grandes révolutions ne sont pas les révolutions politiques. Elles font passer le pouvoir des mains d'un seul ou d'un petit nombre entre les mains de la multitude, qui est bientôt

7

obligée de le confier de nouveau à un petit nombre ou bien à un seul, sur-tout chez les grandes
nations. Qu'en résulte-t-il lorsqu'une révolution
morale ne suit pas celle-là ? Rien, ou presque
rien. L'autorité change de main, mais la nation
reste la même. Les opinions, les passions, l'igno-
rance, par conséquent l'infortune, subsistent ;
les mêmes fautes des gouvernans se renouvel-
lent, etc.

> *Quid leges sine moribus*
> *Vanæ proficiunt ?* Hor.

Note (F).

**Pour réformer les mœurs d'un peuple,
c'est une belle institution que la République.** *Page 22.* (*A la note.*)

Il est à propos d'aller au-devant d'une objection que bien des personnes ne manqueront pas
de faire au sujet de cette assertion, que l'établissement d'un gouvernement républicain est favorable à la pureté des mœurs. Elles diront que
l'expérience elle-même plaide contre ce principe, et elles auront beau jeu à trouver des exemples d'immoralité dans les temps qui entourent
le berceau de la république française. Pour les
combattre, j'emprunterai les armes que me
fournit un auteur qui a publié un écrit sur la

matière qui m'occupe, le citoyen de T..., dont l'ouvrage et les initiales décèlent un penseur profond et un excellent écrivain. Voici ce qu'il dit à ce sujet :

« Personne malheureusement ne peut nier que
» depuis quelques années, en France, les crimes
» sont plus nombreux, les passions plus exas-
» pérées, les malheurs particuliers plus multi-
» pliés; en un mot, que le désordre de la so-
» ciété est plus grand qu'auparavant. Les meil-
» leurs citoyens sont ceux qui en sont le plus
» affligés.

» Quelle est la cause de cette triste vérité?
» Tous les gens irréfléchis, et c'est le grand
» nombre, vous répondent que la révolution a
» *démoralisé* la nation française : et ils croient
» avoir rendu raison de tout. Mais qu'entendent-
» ils par ce mot? Veulent-ils insinuer que le
» changement de gouvernement a rendu nos
» mœurs plus dépravées, nos sentimens plus per-
» vers? Alors ils oublient que les mœurs et les
» sentimens des hommes ne changent point ainsi
» du jour au lendemain, ni même en un petit
» nombre d'années. Il est constant, au contraire,
» que le temps présent est toujours, pour ainsi
» dire, le disciple du temps antérieur, et que
» nous sommes mus aujourd'hui par les habi-
» tudes, les passions et les idées contractées ou
» acquises sous l'ancien ordre social. Si telles
» étaient les causes de nos maux actuels, il fau-

» drait sans hésiter les attribuer tous à cet an-
» cien régime si follement regretté. »

» Veulent-ils insinuer que les principes sur
» lesquels repose le nouvel ordre social sont des-
» tructifs de la morale ? Cette prétention serait
» insoutenable : car ce qui caractérise particu-
» lièrement le nouveau système, et le distingue
» spécialement de l'ancien, c'est de professer
» plus de respect pour les droits naturels et ori-
» ginaires des hommes que pour les usurpations
» postérieures; de consulter les intérêts du grand
» nombre plus que ceux du petit ; de préférer les
» qualités personnelles aux avantages du hasard;
» de mettre la raison au-dessus des préjugés et
» des habitudes, de soumettre toutes les opinions
» à son examen, et d'obéir à ses décisions plutôt
» qu'aux autorités et aux exemples. Assurément
» on ne peut nier que l'adoption de chacune de
» ces idées ne soit un pas vers la justice. Aussi
» les plus violens adversaires de ce système ne
» l'ont jamais attaqué dans ses bases. Tous,
» en le déclarant impraticable, sont convenus
» que c'était une sublime théorie. Ce ne sont
» donc pas ses principes qui sont opposés à la
» saine morale ; au contraire.

» Cependant par quelle fatalité la somme du
» mal moral est-elle encore plus grande sous le
» règne des vérités que sous celui des erreurs ?
» C'est que les troubles intérieurs et extérieurs
» qui ont accompagné cette grande et subite ré-

» formation ont encore accru les besoins de
» l'Etat, et par conséquent les désordres de l'ad-
» ministration, et ont diminué l'action des lois
» répressives dans le moment où elles étaient le
» plus nécessaires. Avec ces deux circonstances,
» la pratique de la morale s'est détériorée, quoi-
» que la théorie se perfectionnât.

Ajoutons, pour notre consolation, que si le
mal moral est augmenté, il ne peut être que
momentané. N'étant pas une conséquence de
nos institutions politiques, étant même contraire à leur esprit, il ne peut subsister long-
temps avec elles. Il faut qu'il les renverse ou
qu'elles le subjuguent. Et puisqu'elles ont pu
se montrer, elles doivent avoir de profondes racines. Le mal est toujours le mal; mais il est
bien différent qu'il soit l'effet de l'ordre établi
ou de la difficulté de son établissement. C'est,
ce me semble, ce que l'on n'a pas assez distin-
gué, soit qu'on ne l'ait pas voulu, ou qu'on ne
l'ait pas su.

NOTE (G).

Les grandes richesses ne sont pas moins
funestes aux bonnes mœurs. *Page 26.*

Une question qui me paraît mériter d'être
attentivement examinée, c'est de savoir si,
parmi les moyens de favoriser les fortunes mé-

diocres, il convient d'employer dans l'assiette
des contributions une progression géométrique,
au lieu d'une progression arithmétique.

On a dit qu'une contribution qui impose les
revenus davantage à mesure qu'ils deviennent
plus considérables, tend à décourager l'industrie, parce qu'elle la charge d'autant plus, qu'elle
obtient plus de succès. On a dit encore qu'en
suivant une progression toujours croissante,
l'impôt doit finir par emporter la totalité du revenu; ce qui équivaudrait à une expropriation.

Il me semble que ces deux inconvéniens ré-
sultent seulement de certaines espèces de progressions géométriques; mais qu'il est d'autres
progressions qui ne les entraînent en aucune
façon. Il en est telle qui s'augmentant toujours
à mesure que le revenu s'augmente, n'enlève
jamais au contribuable la totalité, mais seulement une partie de cette augmentation, de même
que certaines courbes en géométrie s'approchent
constamment d'une ligne droite sans jamais la
joindre. Par exemple, à chaque augmentation
de revenu, la part de l'Etat pourrait n'enlever,
outre la contribution précédente, qu'un dixième
de l'amélioration; l'industrie ne serait pas décou-
ragée, puisque l'individu industrieux profiterait
toujours de neuf dixièmes sur l'amélioration pro-
duite par son industrie.

Cette distinction une fois faite, ce mode paraît le seul équitable; car les besoins de l'homme

ne s'étendant point en raison directe de l'augmentation de sa fortune, le superflu augmente
dans une proportion progressive, à mesure que
la fortune s'accroît. Or l'impôt doit être en raison directe du superflu seulement; car le nécessaire, c'est-à-dire cette portion de revenu sans
laquelle on ne peut vivre, ne saurait être taxé;
autrement la taxe serait un arrêt de mort.

Pour parvenir au même but, on a dit : dis-
trayez d'un revenu ce que vous croyez *nécessaire* pour vivre, d'accord; et imposez le reste
sans progression. Mais, dans l'état de civilisation, il est impossible d'établir le taux du nécessaire. Le nécessaire se fond en nuance imper-
ceptible dans le superflu; et ce sont précisément les dégradations de cette nuance qu'atteint
équitablement une contribution progressive bien
conçue, c'est-à-dire une contribution qui n'ab-
sorbe jamais qu'une portion modérée de l'augmentation du revenu.

Elle est encore équitable par cette raison, que
dans l'état de civilisation, l'augmentation de revenu est d'autant plus difficile, que le revenu
est moindre. Suivant un dicton populaire, *les
premiers cent écus sont plus durs à gagner que
les derniers cent mille francs*; c'est-à-dire que,
lorsqu'on est parvenu à un certain degré de fortune, la facilité de gagner est augmentée dans
la proportion de 553 à 1. Je suis loin de vouloir
que la progression de l'impôt augmente dans

cette proportion, qui, si le dicton était juste
serait pourtant conforme à l'équité.

Note (H)

Page 25.

Un brevet d'instruction, sans lequel
route des grandes places lui était fermé

Page 26.

« A la Chine, il n'y a proprement que tro
» classes d'hommes : les lettrés, parmi lesque
» on choisit les mandarins, les agriculteurs
» les artisans, dans le nombre desquels on cor
» prend les marchands. Ce n'est qu'à Pék
» qu'on confère les derniers degrés dans les le
» tres, à ceux qui, dans un examen publi
» montrent qu'ils ont acquis beaucoup de l
» mières sur les sciences de la morale et du go
» vernement, telles qu'elles sont enseignées da
» les anciens auteurs chinois, et avec lesquell
» l'histoire du pays est intimement liée. L'e
» pereur distribue parmi ces gradués tous l
» emplois civils de l'État ». *Macartney*, tom. II
pag. 184.

NOTE (I).

Afin d'éviter les maux qui suivent l'oisiveté, &c. *Page 27.*

A Olbie, les pâturages, et en général toutes
les propriétés rurales, sont clos par des haies
vives. On ne se douterait pas que cet usage fût
favorable aux mœurs. Cependant qu'on prenne
la peine d'observer que les gens qu'on emploie
à la campagne à mener paître les bestiaux (et
ce sont ordinairement des enfans), y prennent
l'habitude de l'oisiveté, et la conservent souvent
toute leur vie; heureux quand ils n'y contrac-
tent pas celle du vol et de quelques autres vices!
Mais lorsque les pâturages sont clos, on y laisse
les bestiaux sans gardiens, et il y a moins de
temps et de facultés perdus, moins de mauvaises
habitudes contractées. Aucune loi, aucun régle-
ment n'est sans influence sur la morale. Jadis,
à Olbie, on ne paraissait pas s'en douter.

Tant que le système politique actuel exigera
une armée permanente, même en temps de paix,
il faudra éviter la corruption, qui naît de l'oisiveté des militaires dans les garnisons. Le meilleur
moyen sera d'imiter les Romains, qui occupaient
les loisirs de leurs troupes à construire ces utiles
chaussées qui se prolongeaient jusqu'aux extrémi-

tés de l'empire, ces ponts, ces amphithéâtres, ces portiques qui excitent encore notre admiration. Annibal usa de la même politique : on rapporte que, dans la vue de garantir ses troupes des suites funestes de l'oisiveté, il les força de planter des oliviers le long des côtes d'Afrique (1). Je sais que nous aurions des préjugés à vaincre ; mais il y a des moyens de les combattre. On peut flatter l'orgueil des corps militaires, en attachant leur nom aux ouvrages qu'ils auront exécutés ; on peut leur attribuer une haute-paie, et compter les années consacrées à ces travaux, comme des années de guerre, etc.

NOTE (K).

Vous deviendrez riches ; mais vous ne resterez pas vertueux, vous ne serez pas long-temps indépendans et libres. *Page* 31.

Lorsque l'influence de l'argent devient immense dans une nation, et que le soin de s'en procurer est le premier de tous, la politique de cette nation devient étroite, exclusive, et même barbare et perfide. C'est l'influence des marchands qui a déterminé et dirigé la plupart des guerres que l'Angleterre a faites depuis qu'elle

(1) Aurel. Victor, dans la vie de Probus.

(107)

est devenue éminemment commerçante. « La
» violence et l'injustice des conducteurs du genre
» humain, dit Smith (1), est un mal ancien
» contre lequel je crains bien qu'il n'y ait point
» de remède; mais la capricieuse ambition des
» rois et des ministres n'a pas été, durant le der-
» nier siècle et celui-ci, plus fatale au repos de
» l'Europe que l'impertinente jalousie des mar-
» chands ». Or, si toute une nation se compose
de marchands, comment s'élèvera-t-elle à ces
idées libérales qui seules peuvent améliorer le
sort du genre humain ?

Supposons un moment que chacune des communes, petites et grandes, qui composent la
France, loin de chercher à multiplier leurs communications, et à étendre leurs relations entre
elles, entourât son territoire d'une clôture, et,
dans la vue de favoriser le débit de ses propres
denrées, empêchât l'introduction des denrées
des communes voisines, ou du moins y mît de
grandes entraves; ces communes en seraient-
elles plus heureuses, plus riches et mieux pour-
vues? Loin de-là, dira-t-on. Eh bien! ces lignes
de places fortes, ces douanes, ces commis qui
garnissent les frontieres des États, ont le même
inconvénient pour tous et pour chacun. Sous
prétexte d'enfermer en dedans l'argent, on
ferme en dehors l'abondance. Le jour où l'on

(1) Richesse des Nations.

fera tomber les barrières qui séparent les nations, détruira la cause la plus féconde des
guerres, et précédera de peu de temps une époque de prospérité générale. Mais le moyen de
faire entendre cela à ceux qui ne connaissent
que des prix-courans?

Note (L).

Tel écrivain, du fond de son modeste
cabinet, travaille plus efficacement à établir
la gloire, la puissance et le bonheur de son
pays, que tel général qui lui gagne des batailles. *Page 52.*

Les hommes riches ou les hommes élevés en
dignités, ont eu souvent pour les gens à talens,
une considération si petite, qu'elle avoisinait le
dédain. La raison en est, je crois, que les gens
riches et les gens en place, pouvant exercer une
grande influence d'une manière prompte, et regardant les gens à talens comme des personnes
dont l'influence est plus faible et plus éloignée,
ils croient avoir peu à craindre et à espérer d'eux.
Or c'est là ce qui engendre le dédain.

Plus les gens puissans par leurs emplois ou
par leurs richesses, sont médiocres, plus ils sont
portés à croire que cette influence des talens est

faible et éloignée, ils doivent par conséquent les dédaigner plus que d'autres.

Par la raison contraire, s'ils ont des talens eux-mêmes, ils en connaissent la valeur, les attirent, les ménagent, et une preuve infaillible de mérite personnel dans un homme puissant, c'est de le voir entouré de gens de mérite. J'ai beau chercher dans l'histoire, je ne trouve point d'exemples qui contredisent ce principe.

Mais on sent qu'il ne peut être justement appliqué que par des spectateurs absolument désintéressés; car, s'il est fondé, les sots en pouvoir et les sots qui les entourent, sont trop intéressés à se croire mutuellement des génies, pour s'apprécier équitablement les uns les autres.

NOTE (M).

Je combattrais accidentellement l'éloquent paradoxe du philosophe de Genève. *Page 82.*

La grande vénération que j'ai pour Rousseau, la persuasion où je suis que ses écrits seront au nombre de ceux qui contribueront le plus au perfectionnement futur de l'espèce humaine, n'a jamais fermé mes yeux à ce que j'ai cru être chez lui des erreurs. Ses enthousiastes lui ont fait du tort comme ils en font toujours. En admirant tout dans ses ouvrages, ils ont décrédité ce qui s'y trouve de beau, de sublime, d'admirable ; ils ont engendré ses détracteurs.

Pour moi, j'aimerais mieux qu'il n'eût pas écrit sa diatribe contre les connaissances humaines. Les principes m'en paraissent faux, les conséquences forcées, et les exemples nullement concluans. Voici un de ces exemples les plus brillans :

« Que dirai-je de cette métropole de l'em» pire d'orient qui, par sa position, semblait » devoir l'être du monde entier, de cet asyle des » sciences et des arts proscrits du reste de l'Eu» rope, plus peut-être par sagesse que par bar» barie ? Tout ce que la débauche et la corrup» tion ont de plus honteux ; les trahisons, les » assassinats et les poisons de plus noir ; le con» cours de tous les crimes de plus atroce : voilà » ce qui forme le tissu de l'histoire de Constan» tinople ».

C'est bien vrai. L'histoire du Bas-Empire est une des plus dégoûtantes qu'on puisse lire. Mais n'est-ce pas plutôt parce que les Romains y transportèrent leurs vices et leur corruption, que parce qu'ils y transportèrent leurs arts ? Pourquoi chercher une cause indirecte et disputée, lorsqu'il y en a une directe et naturelle ?

Les mêmes excès qui avaient souillé les règnes des Tibères et des Nérons, se répétèrent dans l'empire grec, avec un caractère plus hideux et plus bas s'il est possible. Mais si les sciences et les arts eussent été la cause de cette corruption, elle eût diminué en même temps que les sciences et les arts y dégénérèrent; bien loin de-là, elle augmenta.

Rousseau dit que ce fut peut-être plus par sagesse que par barbarie, que les arts furent proscrits du reste de l'Europe. C'est-à-dire que ce fut par sagesse qu'Attila saccagea l'Italie, que les Vandales ravagèrent et cette Espagne si riche, et cette côte d'Afrique couverte de cités si florissantes; ce fut par sagesse que les chrétiens barbares de l'occident firent les croisades, etc. etc.

Soyons de bonne foi : ce sont les institutions civiles et politiques qui entraînent la corruption des mœurs. Les mœurs des Romains devinrent abominables, quand le sort des armes eut mis les richesses du monde entre leurs mains, et renversé la république. Les mœurs de l'empire de Constantin ne furent pas moins corrompues par les mêmes causes, et elles prirent un caractère plus vil et plus féroce, à mesure que le gouvernement, sans cesser d'être absolu, devint plus faible, et le peuple plus superstitieux.

Autre erreur. Dans ce discours, Rousseau confond sans cesse la vertu avec l'amour de la liberté et le courage de la défendre ; et à ce compte, il trouve les Chinois le plus vicieux de tous les peuples.

Note (N).

Ils établirent des caisses de prévoyance.
Page 33.

Dans nos villes, il y a actuellement un grand nombre de professions dans lesquelles les ouvriers gagnent en six jours leur dépense de dix. Ils pourraient donc, en se réservant un jour pour le repos, mettre de côté la valeur de trois journées par décade. Dans les villes, chaque journée peut être évaluée deux francs : ainsi un ouvrier pourrait, avec de la conduite, mettre six francs tous les dix jours à la caisse d'épargnes. Or un homme qui, à l'âge de vingt ans, mettrait tous les dix jours de côté six francs jusqu'à l'âge de cinquante-cinq ans, toucherait à cet âge, par l'effet des intérêts accumulés à cinq pour cent, un capital de près de vingt mille francs; mais pour que l'ouvrier ait confiance dans une caisse d'épargnes, il ne faut pas qu'il puisse redouter les conceptions fiscales d'un gouvernement versatile, qui serait capable, l'année suivante, de supprimer ou de dénaturer l'établissement.

Note (O).

Ce serait en vain que le moraliste travaillerait à rendre les hommes bons, si on laisse

subsister des lois qui tendent à le rendre
pervers. *Page* 34.

« Une personne qui viole les lois de son pays,
» quoique certainement très-digne de blâme,
» peut être incapable de transgresser les règles
» de la justice naturelle. Tel aurait pu être un
» excellent citoyen, si les lois n'avaient pas fait
» un crime de ce qui n'en est pas un aux yeux de la
» nature. On voit, par exemple, peu de gens scru-
» puleux relativement à la contrebande, lors-
» qu'elle peut s'opérer sans les compromettre.
» Manifester des scrupules pour acheter des mar-
» chandises introduites en fraude, serait consi-
» déré en de certains lieux, comme une délica-
» tesse ridicule; cependant on protége par-là le
» prix des revenus publics, ainsi que le par-
» jure qui accompagne ordinairement la contre-
» bande; l'indulgence du public encourage le
» contrebandier; et lorsque la force publique le
» trouble dans ses opérations, il est prêt à em-
» ployer la résistance ouverte, pour protéger ce
» qu'il s'est accoutumé à regarder comme un
» métier.

» Sous les gouvernemens corrompus, où l'ar-
» gent du peuple va engraisser des fripons ou des
» traîtres, ou se dissipe en folles entreprises,
» les particuliers se font très peu de scrupule de

» frauder le fisc ; de là les ruses, les fausses dé-
» clarations, etc. etc. (1)».

Il résulte de tout cela, que sans la moralité de
la législation, sans la moralité de l'administration, il ne faudra jamais compter sur la moralité du peuple.

NOTE (P).

Ils supprimèrent les loteries. *Page* 35.

Lorsqu'il fut question à Olbie de supprimer
les loteries, un préposé du fisc représenta qu'on
allait perdre un million de pièces d'or qu'elles va-
laient annuellement au trésor public ; on lui répondit : *Si les loteries nous rapportent un million, la portion de mœurs que les loteries nous
ravissent, en vaut plus de dix.*

Je raconterai à ce sujet ce qui arriva au temps
d'une guerre dans ce même pays d'Olbie. On
avait imposé à un peuple vaincu une contribution excessive ; on croyait cette mesure excusée
par la nécessité de subvenir aux besoins de l'armée. Un sage s'avança et dit : «Si vous êtes
» justes et modérés, vous recevrez des contribu-
» tions un peu moins fortes, mais vous n'aurez
» pas besoin de tant de soldats pour vous faire
» obéir. La justice et la modération vous vau-

---

(1) Smith, Richesse des Nations, tome III, page 378
de l'édition anglaise.

» dront cent mille hommes, et ne coûteront pas
» tant à nourrir, sans parler de la bonne répu-
» tation que vous laisserez après vous ».

Dans tout autre pays, on aurait tourné le dos
à ce radoteur : à Olbie, on le fit percepteur des
contributions de guerre, et il se conduisit d'après
ses principes ; ce qui au reste n'arrive pas toujours.

Note (Q).

Tout chez eux devint un instrument de
récompense. *Page* 36.

On objectera d'abord, que dans la distribution des places, il faut plutôt considérer les talens
qui conviennent à la place, que l'avantage d'en
faire un instrument de récompense ; mais il se
trouve toutes sortes de places pour toutes sortes
de talens ; et d'ailleurs, tous les encouragemens
qui sont à la disposition des chefs d'une nation,
ne sont pas de l'or et des places. La plus petite
caresse a souvent plus de prix que le bienfait le
plus grand.

On prétendra que le véritable patriotisme
doit être désintéressé, et qu'on doit se sacrifier
pour son pays sans en rien attendre ; on fera là-
dessus de fort belles phrases ; elles seront applaudies de la multitude ; ce seront même les seules
applaudies. Mais au sortir d'une telle assemblée,

le philosophe ira proposer au plus bruyant ap-
plaudisseur, que dis-je? à l'orateur qui avec le
feu de la persuasion et les yeux humides, aura
manifesté ces sentimens généreux; il leur pro-
posera, dis-je, le moindre sacrifice en faveur du
bien public.... et il ne l'obtiendra pas. Alors,
replongé dans ses réflexions, et connaissant
mieux le moyen d'agir sur l'esprit des hommes,
il ne fera plus dépendre le bien public de vains
discours; il sentira la nécessité de l'asseoir sur
une base moins brillante et plus solide.

Pourquoi du temps de la république romaine,
les questeurs chargés à la suite des armées, de
l'emploi délicat de recueillir les dépouilles des
vaincus, se distinguèrent-ils par leur probité?
c'est que la questure était le premier pas pour
arriver aux charges curules. Chez un peuple où
l'on peut parvenir à tout sans qu'on soit honnête homme, le grand nombre sera toujours
d'avis que ce n'est pas la peine de l'être.

NOTE (R).

Les Olbiens instituèrent, non des sociétés
politiques, &c. *Page* 38.

Ce n'est point dans les sociétés politiques qu'on
peut faire de bons choix pour les fonctions publiques: l'intrigue et l'adresse y sont trop sur leurs
gardes et ont un trop grand soin d'y teindre leurs

discours de la couleur du moment; tandis que dans
des réunions habituelles et de simple délassement,
on apprend à connaître les sentimens et les vertus de l'homme privé. C'est-là qu'on sait s'il est
probe dans son commerce, s'il a soin de son
père, de son épouse, de son fils; s'il a du bon
sens naturel et des lumières acquises. Or ce sont
ces qualités-là qu'il suffit de connaître pour faire
de bons choix. Il en résulte que si l'on veut que
des réunions de citoyens soient utiles à la chose
publique, il faut précisément éviter qu'elles
soient des réunions politiques.

NOTE (S).

Pas un de vos gestes, pas une de vos paroles ne sont perdus. *Page* 41.

Si l'exemple des chefs d'une nation est fort
propre à répandre des habitudes morales, il faut
l'attribuer non-seulement à notre penchant vers
l'imitation, mais encore à une sorte d'envie qui
ne veut pas faire moins que les personnages éminens. On se dit : un tel a fait ceci, pourquoi ne
le ferais-je pas? Eraste, qui joue un si grand
rôle, se permet telle action; pourquoi me l'in-
terdirais-je? Il est haut, dédaigneux : si j'étais
affable, on me croirait humble; si j'étais bon
homme, on s'imaginerait que je suis sans conséquence.

Mais lorsque les hommes en pouvoir, au contraire, ont de la sociabilité, des vertus, on rougit de n'en pas avoir; on se dit : un tel qui est fort au-dessus de moi, est simple et bon; si j'ai de la morgue et de mauvaises mœurs, je deviendrai odieux et ridicule. Si l'on ne fait pas positivement ce raisonnement, le sentiment des convenances et l'intérêt personnel font qu'on se conduit comme si on le faisait.

A Olbie, lorsqu'un incendie se manifestait autrefois, c'était à qui se soustrairait au devoir d'y porter des secours. Plusieurs fois les premiers magistrats travaillèrent aux pompes, et donnèrent momentanément un abri et des vêtemens aux incendiés; depuis lors, c'est à qui se distinguera par les mêmes bienfaits.

N o t e (T).

Lorsque le peuple d'Olbie vit les places occupées par des hommes probes, instruits, dévoués à la chose publique sans l'être à aucun parti, &c. *Page* 41.

Les premiers magistrats se plaignent de la difficulté de trouver des hommes dignes de leur confiance. En effet, le cercle des personnes de leur connaissance, quelqu'étendu qu'il soit, est toujours fort borné relativement au grand

nombre d'emplois dont ils peuvent disposer.
Mais, de leur côté, mettent-ils une assez grande
importance à l'exercice de cette partie de leurs
fonctions ? Et, à le bien prendre, n'en est-ce
pas la partie la plus importante ? La plupart des
actions, et même des décisions qui émanent
d'un homme en place, viennent non pas de lui,
mais de ses délégués. Quelqu'étendu que soit son
pouvoir, le magistrat éminent n'a qu'une tête,
deux bras, et vingt-quatre heures dans sa journée ; il prend bien les principales décisions,
mais les plus nombreuses, celles qui établissent
le plus de rapports entre l'administration et les
administrés, il les abandonne à d'autres, bien
qu'elles soient prises en son nom ; et si l'on ras-
semble la somme des volontés d'autrui, qui sont
censées être l'expression de la sienne, on trouvera
que cette somme excède de beaucoup l'influence
de sa propre volonté.

Il en résulte que, quelle que soit sa moralité
personnelle et son instruction, la moralité et
l'instruction de ceux qu'il emploie influent encore plus, non-seulement sur le sort de la chose
publique, mais aussi sur sa propre sûreté et sur sa
propre gloire. Il profite de tout ce qu'ils font
de bien, et souffre de tout ce qu'ils font de mal ;
et si l'on en a vu quelquefois qui par une stu-
pide jalousie, et pour se réserver plus d'honneur et de pouvoir, se sont entourés de gens médiocres, et ont ôté toute influence aux gens de

mérite qu'ils ne déplaçaient pas, on a vu aussi
qu'ils ont été constamment les dupes de ce calcul,
et qu'ils ont porté le poids des fautes de leurs
sous-ordres, et de la haine ou du mépris que
ceux-ci inspiraient.

Par toutes sortes de raisons, les choix sont la
partie la plus importante des fonctions des chefs
d'un état ; et quand ils consacreraient la majeure
partie de leur temps et de leurs facultés à en
préparer de bons, à prendre des informations et
des notes, à aller à la recherche du mérite obscur, ou bien à découvrir ceux qui ne justifient
pas leur confiance, ils ne feraient qu'une chose
très-raisonnable.

Qu'on juge par-là combien sont peu dignes de
leurs fonctions les gens qui ne considèrent leurs
emplois que comme un moyen d'obliger leurs connaissances ou de se venger de leurs ennemis,
ceux qui mettent dans les places tous leurs parens, leurs voisins, les compagnons de leurs plaisirs, et les protégés de leurs gens !

N o t e (U).

On ne vit plus un troupeau d'imbécilles
ébahis à la vue d'une garniture de diamans
ou de quelqu'autre colifichet de cette espèce.
Page 45.

Des philosophes ont dit : *Comment un homme*

peut-il se glorifier d'un habit galonné, une
femme de ses dentelles, de ses bijoux ? Y a-t-il
une seule personne qui puisse confondre ces ba-
bioles avec le mérite personnel, seul avantage
dont on puisse raisonnablement être glorieux ?
Ces philosophes, très-estimables dans leur but,
n'ont pas vu que ces avantages étaient du même
genre que tous ceux dont les hommes se glori-
fient; ils sont fiers de tout ce qui augmente leur
influence personnelle. Or cette influence se compose de la force et de la beauté du corps (quoiqu'à un faible degré dans les sociétés policées),
des talens, des places, de la fortune; et comme
les objets de luxe sont les marques d'une grande
fortune, on est fier de porter des galons, des
diamans, d'étaler de somptueux équipages, et de
donner des repas splendides, de même qu'on est
fier de ses emplois ou de ses talens; plus le pouvoir et les talens sont incontestables, solides, et
moins ils ont besoin de ces marques extérieures :
aussi les dédaignent-ils souvent; mais la médiocrité en fait grand cas. C'est dans la nature des
choses.

La tâche du législateur moraliste est donc,
non de sévir contre l'ostentation, ce qui ne la
détruira pas; mais d'arranger les choses de manière que la richesse, dont le faste est l'enseigne,
ait moins de pouvoir qu'elle n'en a; alors on
sera moins tenté d'en faire étalage.

L'entreprise est difficile, mais n'est pas im-

possible, d'autant qu'il n'est pas nécessaire de
détruire totalement le pouvoir de l'argent, mais
de l'affaiblir, mais de mettre le désintéressement
en honneur. *Malè se res habet, cùm quod vir-
tute effici debet, id tentatur pecuniâ.* CIC.

NOTE (V).

On n'estima plus les gens en proportion
de la consommation qu'ils faisaient : qu'arriva-t-il? Ils ne consommèrent rien au-delà
de ce qui était vraiment nécessaire à leur
utilité ou à leur agrément. Le luxe, attaqué dans sa base, qui est l'opinion, fit place
à une aisance plus généralement répandue.
Page 43.

J'ai tâché, dans cette phrase, de donner de
justes idées sur le mot *luxe*, qui n'aurait pas
excité tant de discussions s'il eût été mieux entendu. En le restreignant, comme je pense qu'on
doit le faire, aux choses qui ne sont pas vraiment nécessaires à l'utilité et à l'agrément de la
vie, on n'appellera objets de luxe que ceux qui
n'ont qu'une valeur d'opinion. Ainsi quelques
meubles d'argent, qui sont plus commodes et
s'altèrent moins facilement que ceux d'étain ou
de fer, ne seront pas des objets de luxe; mais
un mets dans sa primeur, un mets qui se paiera

six cents francs deux mois avant qu'il ne vaille six sous, sera un objet de luxe, parce qu'on ne le sert sur une table, que par ostentation, et qu'il n'est pas un plat moins cher qui ne fît autant de plaisir.

En blâmant le luxe, je n'aurai donc point la folle prétention de ramener l'homme à un état sauvage, où l'on ne connaît d'ustensiles que les doigts et les dents; de vêtemens, que des peaux d'animaux; d'habitations, que des cavernes. J'admettrai l'usage de tout ce qui chez des nations industrieuses et riches, concourt au bien-être des citoyens, sans pour cela faire l'apologie des recherches de la sensualité qui sont blâmables sous d'autres rapports. Après avoir ainsi restreint le nombre des choses qui tiennent purement au luxe, je ne crains pas de prononcer que le luxe est funeste aux états, grands ou petits, et que le pays où il y en aura le moins, sera le plus riche et le plus heureux.

Un des principes les plus faux en économie politique, ou plutôt une assertion qui n'est un principe qu'aux yeux de ceux qui n'ont pas les plus simples notions de l'économie politique, est celle qui prétend qu'un homme est utile à l'état en proportion de ce qu'il consomme. *A ce compte*, répond plaisamment J. J. Rousseau à une assertion pareille, *un Sybarite aurait bien valu trente Lacédémoniens.*

Tout pays, par son agriculture, son com-

merce, donne des produits plus ou moins considérables, mais qui ne sont jamais sans bornes ;
on ne saurait consommer dans ce pays que ce
que lui rapportent son sol et son industrie ; or s'il
s'y trouve des personnes qui y fassent une consommation surabondante des produits du sol ou
de l'industrie, ce sera aux dépens d'autres personnes qui éprouveront des privations propor-
tionnées. C'est la raison pourquoi le luxe et la
misère marchent toujours ensemble.

Je suppose, pour exemple, que chez un peuple, un certain nombre de personnes s'adon-
nent, les unes à une profession, les autres à une
autre, mais toujours à une profession utile ; ce
pays sera abondamment pourvu de choses utiles.
Mais voilà que l'envie de briller s'y introduit,
et que la mode de galonner les habits se répand
parmi les habitans les plus riches. Qu'arrive-t-il ?
une portion de chaque classe d'ouvriers, se met
à faire des galons : ainsi au lieu de cent mille ouvriers qui fabriquaient de bon drap ou bien du
linge, il n'y en a plus que quatre-vingt mille
qui suivent cette occupation. Cependant les gens
aisés ne veulent pas en avoir une chemise ou un
habit de moins ; il faut donc qu'une portion des
habitans aille vêtue de guenilles et se passe de
chemises. La conséquence est nécessaire (1).

_____

(1) Dans ce cas, le nombre de bras employés aux
manufactures de toiles et de draps diminuant, le prix

Vous verrez même que des gens à qui leur fortune donnerait la possibilité d'aller bien vêtus, se passeront de chemise pour porter des galons. Qu'on me permette de placer ici une citation de Franklin, où l'on retrouvera son originalité accoutumée.

« Presque toutes les parties de notre corps,
» dit-il dans une lettre à Benjamin Vaughan,
» nous obligent à quelque dépense : nos pieds
» ont besoin de souliers, nos jambes de bas, etc.
» Notre estomac exige de la nourriture. Quoi-
» qu'excessivement utiles, nos yeux, quand
» nous devenons raisonnables, demandent l'as-
» sistance peu coûteuse des lunettes ; ce ne sont
» pas encore eux qui dérangent nos finances ;
» mais les yeux des autres sont les yeux qui nous
» ruinent ».

Or ce qui ruine le particulier ruine l'état.

On dit encore : les ouvriers occupés à créer des objets de luxe ne seraient pas employés d'une autre manière. On est dans l'erreur ; il n'y a jamais moins d'oisifs que dans les contrées où les mœurs sont simples, et où par conséquent

―――――――――――――――

de la main-d'œuvre hausse. Les produits en sont par conséquent plus chers. Les citoyens les plus pauvres se privent d'une partie de ces produits. Au lieu de renouveler leur habit, ils l'usent jusqu'à la corde, ils le raccommodent, et l'on ne rencontre plus l'artisan vêtu d'un bon habit. Telle est la marche que suivent les choses dans le cas supposé.

on produit peu d'objets de luxe. Vous dites que
le luxe fait vivre des ouvriers : oui ; mais comment les fait-il vivre ? Avez-vous visité la ville
de France que le luxe faisait le plus travailler,
Lyon ? Avez-vous vu, dans le temps où l'ouvrage allait le mieux, ces misérables ouvriers,
hâves, maigres, déguenillés, entassés dans des
maisons à huit étages, pêle - mêle avec leurs
femmes, leurs enfans, leurs métiers, leurs parens malades ? Si au lieu de faire des brocards
d'or, ils avaient fabriqué de bons draps, ils auraient eu de bons habits. On en peut dire autant
du maçon, du charpentier, du cultivateur ; ce
n'est que dans un pays où il n'y a pas de luxe,
ou très-peu, qu'on voit tout le monde bien vêtu,
bien logé, bien nourri, et content.

Un gouvernement qui veut enrichir et mora-
liser une nation, doit donc éviter d'offrir des
objets de luxe à la vénération des peuples, et
sur-tout de laisser croire qu'il en a besoin pour
être considéré. Un tel gouvernement n'admettra,
pour signes de l'autorité, ni les dorures, ni les
velours, ni les dentelles, ni les broderies ; les
consuls à Rome n'étaient remarquables que par
la couleur de leur robe et par les faisceaux qui
les précédaient ; et les tribuns, dont le pouvoir
était si respecté que les empereurs eux-mèmes
furent jaloux, trois siècles durant, de s'en revè-
tir, n'étaient distingués par aucune marque ex-
térieure.

Qu'on y prenne garde ; qu'on se hâte de réformer dans nos usages ce qui tend à pervertir nos mœurs. Il s'agit, pour nous, d'exister ou de périr ; car une république sans des mœurs républicaines, ne saurait subsister.

NOTE (X).

Une fois un homme alla leur recommander son bienfaiteur : ils couronnèrent à la fois le bienfaiteur et l'obligé. *Page 62.*

Je sais fort bien tout ce qu'une pareille institution rencontrerait d'opposition parmi nous. Elle aurait pour ennemis, d'abord les hommes à qui les bonnes mœurs sont indifférentes, et ensuite tous les esprits étroits. Mais ce ne sont pas ces gens-là que doit consulter un gouvernement fortement intentionné pour le bien. Ils sont depuis long-temps en possession d'y mettre des entraves. « Vos idées, dit Saint-Lambert » qui les connaissait, seront traitées de chimériques, et vos desseins de romanesques, par » les hommes faibles et bornés, qui croient insensé tout ce qu'ils ne peuvent comprendre, » et impossible tout ce qu'ils ne peuvent faire ». C'est parce que les personnes de cette espèce sont extrêmement nombreuses, qu'il faut en général plus de constance et de courage qu'on ne croit pour opérer le bien. Il n'est pas un abus qui ne trouve un défenseur; il n'est pas une amélioration qu'il ne faille emporter à la pointe de l'épée. *Sapere audete.*

NOTE (Y).

Ce n'étaient point les Olbiens, c'étaient les Chinois qui avaient deviné l'usage qu'on peut faire de tels livres. *Page* 63.

« On ne néglige, en Chine, aucun moyen » pour exciter à faire de bonnes actions et em-» pêcher qu'on n'en fasse de mauvaises; et l'on » emploie également l'espoir de la louange et la » crainte du blâme. Il y a un registre public, » nommé le *Livre du mérite*, dans lequel on ins-» crit tous les exemples frappans d'une conduite » estimable; et dans les titres d'un homme, on » mentionne particulièrement le nombre de fois » que son nom a été inséré dans ce livre. D'un » autre côté, celui qui commet des fautes est dé-» gradé; et il ne suffit pas qu'il se borne à ne » porter que son titre réduit, il faut encore qu'il » joigne à son nom le fait pour lequel il a été dé-» gradé ». *Voyage de Macartney*, tome IV, page 158.

Macartney parle ailleurs d'un tribunal de cen-seurs, qui a pour objet la conservation de la morale publique et privée. Les Européens l'appellent le *Tribunal des cérémonies*, parce qu'en effet il les règle d'après ce principe unanimement reçu parmi ce peuple, que les formes extérieures, suivies scrupuleusement et sans relâche, maîtrisent toujours les opinions et les habitudes. *L'esprit de suite* est le caractère distinctif des Chinois ; et il faudrait souvent proposer leur exemple à une nation chez qui les meilleurs réglemens tombent en désuétude au bout de trois mois, et où. les lois même sont une affaire de mode.

NOTE (Z).

Ils firent grand cas des jeux de la scène. *Page* 66.

Les fêtes et les spectacles ont encore ce bon effet, qu'ils détachent l'esprit de la superstition et du fanatisme, lesquels se propagent principalement lorsque la couleur de l'esprit général est sombre et mélancolique (1), et lorsque le peuple ne sait que faire de son loisir. Aussi nous n'avons jamais vu les temps où les divertissemens, et sur-tout les jeux scéniques, ont été communs, signalés par les fureurs du fanatisme. Les excès

---

(1) Les fondateurs de toutes les religions, et leurs successeurs, ont, par cette raison, en horreur toute sorte de spectacle.

de ce genre, si multipliés dans l'histoire mo-
derne, remontent, pour chaque nation, à l'époque où elle n'avait encore que peu de spectacles,
et des spectacles grossiers et imparfaits. Plus les
plaisirs innocens sont faciles, moins on est disposé à se haïr, à se déchirer mutuellement.

N o t e (Aa).

Qu'on trouve dans vos fêtes, non ce que
vous voulez qu'il y ait, mais ce qu'on desire
d'y trouver. *Page* 69.

Si l'on veut absolument, dans les grandes
villes, donner des spectacles au peuple, au
moins qu'on s'empare de son attention par des
actions allégoriques sensibles, frappantes, et
sur-tout claires pour tout le monde. Pour que
ces allégories soient bien comprises, que des pro-
grammes imprimés décrivent toutes les parties
de l'action, et que des signaux désignés d'avance,
et habilement exécutés, en marquent les différentes périodes. Pour qu'une fête publique inté-
resse comme spectacle, il faut que le sujet soit
en rapport direct avec les affections, avec le sort
des assistans.

Il faut encore que les accessoires concourent
à augmenter l'effet de ces grandes représenta-
tions ; qu'on déploie, par exemple, beaucoup
d'ordre et beaucoup d'habileté dans leur exécu-

tion; que le local soit commode, et que rien n'y contrarie, n'y détruise les impressions de plaisir qu'on doit y recevoir; qu'on n'y soit point exposé à de funestes accidens, et que le tranquille piéton puisse s'y rendre sans redouter d'être foulé par les pieds des chevaux, ou broyé sous les roues des carrosses; que la police y soit faite par de solides barrières, et non par des sentinelles, qui toujours éteignent l'enthousiasme et mettent le plaisir en déroute. Les spectateurs croient avec satisfaction à leur propre dignité, en la voyant respectée par les autres.

Pour que l'homme soit vertueux, il faut qu'il se respecte, qu'il ait une haute idée de la dignité de son être : on doit donc éviter soigneusement tout ce qui peut tendre à rabaisser le peuple à ses propres yeux, de peur qu'il ne se mette, par sa conduite, au niveau du peu de cas qu'on fait de lui. Une soldatesque insolente, des dignitaires qui affectent des airs de hauteur, ou qui exigent des respects humilians, portent par cette raison des atteintes à la morale.

N o t e (Bb).

Quel avantage valut aux Romains la conquête des Gaules, si ce n'est la tyrannie de César ? *Page* 72.

On connaît ce mot judicieux et spirituel d'une

femme: *Donnez-nous la monnaie des grandes actions*. Mais quelques hommes privilégiés sont appelés à donner en même temps les grandes actions et *leur monnaie*. On doit leur en savoir d'autant plus de gré, que jusqu'à présent les peuples ont eu la sottise d'attacher moins de gloire aux actions utiles qu'aux actions brillantes; mais les peuples s'éclairent: il se prépare un siècle où les choses n'iront pas tout-à-fait ainsi. Les noms de pacificateur, de créateur de la prospérité publique, ne seront pas entourés de moins d'éclat que celui de conquérant; et tout nous annonce qu'il est réservé à la France de distribuer à la fois ces deux sortes de gloire.

FIN.

www.ingramcontent.com/pod-product-compliance
Lightning Source LLC
Chambersburg PA
CBHW052205270326
41931CB00011B/2226